EL LIBRO
DE LOS OVNIS

гора Фаррингтон

Северное
болото
Кобаевый остров

гора Стойковича

Сусловская
воронка
озерцо

Заимка Кулика

Клюквенная
воронка
острова
болото

Южное

водопад

р.Хушма

129296

EL LIBRO DE LOS OVNIS

AVISTAMIENTOS DE ACTIVIDAD ALIENÍGENA
A LO LARGO DE LA HISTORIA

JOHN MICHAEL GREER

Librero

Título original: *The UFO Book: A Chronological Journey
from Crop Circles to Roswell*

© 2026 Librero b.v. (edición española)
Hambakenwetering 8B
5231 DC 's-Hertogenbosch
Países Bajos

Texto © 2025 John Michael Greer

Ilustración de la cubierta © 2025 Union Square & Co., LLC

Edición original de 2025 publicada por Union Square & Co., LLC,
un sello editorial de Sterling Publishing Co., Inc.
Esta edición ha sido publicada con el acuerdo de UNION SQUARE & CO., LLC,
una subsidiaria de STERLING PUBLISHING CO., INC.,
33 East 17th Street, Nueva York, NY, EE. UU., 10003

Diseño de portada e interior: Erik Jacobsen

Ilustraciones de la portada: Aaron Lowell Denton
Los créditos de las imágenes aparecen en la página 208

Producción de la edición española:
Traducción: Elena Ordeig Vila y Judith Raigal Aran
para Delivering iBooks & Design
Redacción y maquetación:
Delivering iBooks & Design, Barcelona

Distribución exclusiva de la edición española:
Librero IBP S. L.
C/ Paseo de los Olmos, n.º 20
Planta 1.ª, oficina 7
28005 Madrid, España
www.librero-ibp.es

Printed by GPS in BiH, GRA102025
ISBN: 978-94-6499-145-1

  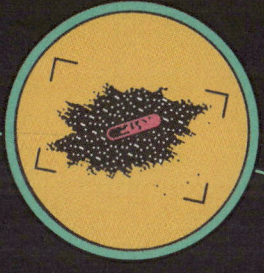 

CONTENIDO

INTRODUCCIÓN

«Se ve algo, pero no se sabe qué es».

Estas son las palabras que el psicólogo suizo Carl Jung utilizó para resumir la controversia sobre los ovnis en 1958. Y sigue siendo una descripción válida. Muchas personas tienen sus propias teorías sobre lo que esos misteriosos objetos en el cielo podrían ser, deberían ser o, sin lugar a dudas, no pueden ser. Pero lo que falta son pruebas que respalden o confirmen cualquiera de estas teorías.

¿Los objetos voladores no identificados (o, como ahora prefiere llamarlos el gobierno estadounidense, «unidentified anomalous phenomena» o «UAP», es decir, «fenómenos anómalos no identificados» o «FANI») son naves espaciales de otros planetas tripuladas por astronautas alienígenas? ¿Son, tal y como creía el propio Jung, manifestaciones de las capas más profundas de nuestra mente que irrumpen en nuestra vista para advertirnos de cambios inminentes en la conciencia? ¿Son la última manifestación de esos extraños seres a los que en la Antigüedad se les llamaba dioses, espíritus y elfos? ¿Son seres vivos de la atmósfera superior, como sugerían algunos investigadores de ovnis en la década de 1950? ¿Podría todo este fenómeno, o parte de él, ser el resultado de un engaño deliberado por parte de uno o más gobiernos, quizás para encubrir aviones experimentales, o por alguna otra

razón? ¿O son simplemente percepciones erróneas, alucinaciones y engaños, tal y como sostienen los escépticos?

En mi libro anterior sobre el tema, *The UFO Chronicles* («Crónicas sobre ovnis»), traté de resumir las pruebas y ofrecer algunas posibles explicaciones para lo que podría haber detrás de ellas. Sin embargo, con este libro tengo otro objetivo: contar la historia del fenómeno ovni desde la Antigüedad hasta el presente a través de cien incidentes. He incluido avistamientos, encuentros cercanos y abducciones, así como otros acontecimientos que han moldeado la narrativa colectiva sobre los ovnis. Lo único que no he hecho es intentar desentrañar lo que hay detrás de cada uno de los avistamientos. Eso, querido lector, se lo dejo a usted.

Cada uno de los acontecimientos que se exploran aquí podría, por sí solo, dar lugar a un libro completo; y algunos, de hecho, ya han sido objeto de varias obras. En cambio, otros han sido ignorados. Podría haber escrito fácilmente diez libros del mismo tamaño que este sobre incidentes relacionados con ovnis, pero he tratado de centrarme en aquellos sucesos que están bien documentados y que han desempeñado un papel clave en la formación de la opinión pública sobre este fenómeno. Los incidentes que se incluyen en este libro están repartidos en el espacio y el tiempo

porque los ovnis se distribuyen de forma
desigual; hay lugares y momentos en los
que se ven muchos, y otros en los que
se ven pocos y de forma espaciada. ¿Por
qué? Existen varias teorías, pero, una vez
más, nadie lo sabe del cierto.

   Al leer estas páginas, le animo a tener
la mente abierta, a buscar más información y a disfrutar de sus propios encuentros cercanos —aunque sean indirectos—
con uno de los misterios más fascinantes
de nuestro tiempo.

JOHN MICHAEL GREER

VISITANTES MISTERIOSOS

Emergió de las aguas del Golfo Pérsico al amanecer, ante la mirada atónita de los miembros de la tribu: un ser vivo misterioso, con un cuerpo escamoso como el de un pez, pero con rostro, manos y pies humanos. Se dirigió a los presentes en su propio idioma y se presentó como Oannes. Día tras día regresaba a la orilla y enseñaba a los miembros de la tribu las artes de la civilización, pero por la noche volvía al mar.

Así es como Beroso, un historiador de la antigüedad, describió un encuentro cercano con una inteligencia extraterrestre. A lo largo de la historia, se conservan miles de historias similares en los mitos y leyendas de pueblos de todo el mundo. Algunos de estos relatos contienen detalles que, a la luz de acontecimientos más recientes, resultan extrañamente premonitorios. Muchas culturas nativas americanas, por ejemplo, conservan relatos sobre seres que habitan en el cielo y que, ocasionalmente, descienden a la Tierra para llevarse a algunas personas con ellos. Se trata de un paralelismo inquietante con el fenómeno de las abducciones alienígenas, que ha desempeñado un papel tan destacado como desconcertante en los círculos de investigación sobre ovnis.

La mayoría de los estudiosos modernos se refieren a estos seres como dioses, espíritus y héroes culturales, y descartan estos relatos al considerarlos meras ficciones difundidas por pueblos supersticiosos. Sin embargo, incluso un científico tan escéptico como Carl Sagan argumentó en uno de sus primeros libros que la leyenda de Oannes podría conservar el eco difuso de un antiguo contacto entre seres humanos e inteligencias no humanas. Muchos otros autores menos comprometidos con el *statu quo* intelectual han planteado preguntas similares en relación con una amplia variedad de relatos tradicionales. Estas preguntas se encuentran entre los muchos enigmas aún sin resolver vinculados a los extraños objetos que innumerables personas han observado en el cielo a lo largo de los siglos.

VÉASE TAMBIÉN: Viajeros de Magonia (815), El incidente del Utsuro-Bune (1803), *Recuerdos del futuro* (1968)

¿CUÁNDO SURGIÓ LA VIDA EXTRATERRESTRE? Esta imagen de la serie *La tentación de San Antonio* de Odilon Redon resume una cita atribuida a Oannes: «Yo, la primera conciencia en el Caos, emergí del abismo para endurecer la materia y definir las formas».

ESCUDOS Y LUCES EN LOS CIELOS

Los antiguos romanos no eran ajenos a los fenómenos aéreos inexplicables, y algunos de sus relatos tienen un aire sorprendentemente contemporáneo. En su registro correspondiente al año 216 a. e. c., por ejemplo, el gran historiador romano Livio informó de que se habían visto «escudos» en el cielo sobre la ciudad italiana de Arpi. La palabra latina que utilizó Livio, *clipei*, se empleaba para referirse a escudos redondos de bronce, pero también podía hacer referencia simplemente a discos metálicos de cualquier tipo. Según Julio Obsecuente, un erudito romano que se dedicó a estudiar estas rarezas, en el año 103 a. e. c. se observaron más escudos que luchaban entre sí en el cielo sobre Amelia y Todi, cerca de la actual Rímini, y en el año 99 a. e. c. se avistó otro escudo volador sobre Tarquinia, cerca de la actual Viterbo, cruzando el cielo de oeste a este.

Según diversos autores de la época, algunos romanos muy observadores también divisaron luces extrañas en el cielo. En el año 218 a. e. c., se observó en el cielo nocturno una luz similar a la del sol en varios lugares de Italia, entre ellos Capua y Pisa. En el año 76 a. e. c., un funcionario romano y su séquito vieron algo que parecía una chispa descendiendo del cielo nocturno; a medida que descendía, parecía crecer hasta alcanzar el tamaño de la luna. Poco después, ascendió de nuevo hacia el cielo, formando una especie de antorcha. En el año 187 e. c., se observaron luces brillantes que parecían estrellas sobre Roma durante el día, y en el año 195 e. c., también se vieron, desde la capital romana, tres luces estrelladas cerca del sol.

Los intelectuales romanos interpretaron todos estos objetos extraños como presagios de los dioses. Para ellos, según las creencias de su época y su cultura, era la explicación lógica. Una pregunta que todo investigador moderno de fenómenos aéreos no identificados debe tener en cuenta es hasta qué punto la interpretación que hacemos de las luces y las formas desconocidas que vemos en el cielo puede ser también producto de nuestra época y nuestra cultura.

VÉASE TAMBIÉN: Batalla en los cielos (1561), Los «foo fighters» (1944)

AVISTAMIENTOS TEMPRANOS. Un libro del siglo XVI sobre cometas registra un espectáculo inquietante en el cielo.

VIAJEROS DE MAGONIA

Según los registros de la época, la Francia medieval recibió varias visitas de «naves sobre las nubes», tripuladas por seres humanoides que descendían para recolectar las cosechas y transportarlas a una región remota conocida como Magonia. Tenemos conocimiento de estas visitas principalmente a través de los escritos de uno de los primeros escépticos conocidos sobre los ovnis, el arzobispo Agobardo de Lyon (769-840), autor de un libro titulado *Sobre el granizo y los truenos* (en latín, *De Grandine et Tonitruis*), en el que condenaba las creencias populares sobre Magonia y sus naves voladoras. Según Agobardo:

> Incluso hemos visto a varios de estos lunáticos que, creyendo en la realidad de tales absurdos, exhibieron ante una multitud a cuatro personas encadenadas, tres hombres y una mujer, que se decía descendían de uno de estos barcos. Llevaban varios días atados cuando los trajeron ante mí, seguidos por la multitud, para apedrearlos.

Agobardo logró salvar la vida de las cuatro personas señalando que cualquiera que creyera en Magonia también debía creer en el poder de la brujería. En aquella época, la Iglesia prohibía creer en la brujería, y quienes afirmaban creer en ella se arriesgaban a sufrir severos castigos. (No fue hasta cuatro siglos más tarde cuando los teólogos cambiaron de opinión al respecto y pusieron en marcha las persecuciones de brujas de la Baja Edad Media).

La región de Lyon no era el único lugar en el que se creía en naves voladoras procedentes de tierras lejanas. Hasta la época de Carlomagno, que prohibió esta práctica, los campesinos franceses intentaban protegerse de las incursiones de estas naves voladoras colocando en los campos altos postes con pergaminos mágicos atados a la punta. A principios de la Edad Media, las historias de naves que surcaban los cielos eran comunes en toda Europa.

VÉASE TAMBIÉN: Visitantes misteriosos (5000 a. e. c.), El incidente del Utsuro-Bune (1803), ¿Tortitas del espacio?) (1961), El encuentro cercano de Cussac (1967), *Recuerdos del futuro* (1968), El auge de la alta extrañeza (1969)

¿NAVES VOLADORAS O FANTASÍA? Esta ilustración medieval muestra una escena que despertó tanto asombro como escepticismo.

EL AVISTAMIENTO DE BAODING

En los registros de la China imperial también se mencionan con frecuencia objetos voladores misteriosos. Liu Yin, un influyente erudito cuyos comentarios sobre los clásicos confucianos aún se conservan, narró un avistamiento clásico que les resultará familiar a los investigadores contemporáneos. Justo después del amanecer del 3 de junio de 1277, cuando vivía en las afueras de la aldea de Baoding, en la provincia de Hebei, fue testigo de un inquietante espectáculo en el cielo.

Se despertó antes del amanecer y al mirar por la ventana de su habitación vio una luz brillante que cruzaba la Vía Láctea. Entonces, en el cielo meridional, aparecieron tres objetos luminosos. Dos se alejaron a gran velocidad, pero el tercero permaneció allí. Liu Yin distinguió cinco luces de diferente intensidad en la parte inferior del objeto, coronado por una especie de cúpula. Mientras lo observaba, se movía en zigzag, como una hoja que cae flotando en el aire. Al mismo tiempo, un objeto envuelto en llamas se precipitó desde otra región del cielo. Al salir el sol, el primer objeto voló hacia el norte y desapareció, pero otro objeto, con forma de óvalo plano, descendió repentinamente de una nube verdosa. Estaba envuelto en llamas y subía y bajaba en el aire.

Conmocionado por el espectáculo, Liu Yin corrió al pueblo para avisar a sus amigos, pero cuando salieron a ver qué pasaba, el objeto volador ya había desaparecido. Desconcertado por lo que había visto, decidió escribir un relato detallado de los acontecimientos de aquella mañana con la esperanza de que algún otro erudito pudiera encontrar una explicación a los extraños objetos voladores que había visto. Tres cuartos de milenio después, seguimos lejos de encontrar una explicación convincente, pero algunos de los detalles del avistamiento de Liu Yin, especialmente el movimiento de «hoja que cae», descrito en numerosas ocasiones por testigos modernos, hacen que su relato resulte sorprendentemente actual.

VÉASE TAMBIÉN: El avistamiento de Dinghai (1562), El incidente del gas del pantano (1966)

UNA LUZ BRILLANTE CRUZANDO LA VÍA LÁCTEA. Los relatos sobre fenómenos anómalos no identificados eran bastante comunes en la China imperial.

BATALLA EN LOS CIELOS

Los habitantes de la ciudad libre de Núremberg, uno de los cientos de pequeños estados casi independientes que formaban el extenso Sacro Imperio Romano Germánico, estaban acostumbrados a la guerra. Sin embargo, la batalla que estalló en los cielos de la ciudad en la madrugada del 14 de abril de 1561 resultó tan novedosa como aterradora para todos ellos. Según un periódico publicado ese mismo mes, la contienda tuvo lugar entre las 4:00 y las 5:00 de la madrugada y fue presenciada por muchas personas tanto dentro como fuera de la ciudad.

El incidente comenzó cuando varios testigos presentes en el lugar observaron, en el cielo del amanecer, dos arcos semicirculares similares a lunas crecientes de color rojo sangre. Poco después, unas esferas voladoras —algunas rojas, otras negras y otras de ambos colores— emergieron del sol y comenzaron a luchar entre sí. A continuación, objetos cilíndricos y en forma de cruz se unieron a la lucha, entrando y saliendo del sol. Cuando la lucha alcanzó su punto álgido, tanto las esferas como los cilindros y las cruces se precipitaron hacia la Tierra expulsando grandes nubes de humo, como si estuvieran ardiendo. Luego, un objeto triangular negro, similar a una enorme punta de lanza, surgió del este y voló hacia el oeste. Esto marcó el final de la batalla, hasta donde pudieron apreciar los habitantes de Núremberg.

Núremberg no fue la única ciudad de la Europa del siglo XVI que fue testigo de un espectáculo de estas características. Cinco años más tarde, los días 27 y 28 de julio y nuevamente el 7 de agosto de 1566, un acontecimiento similar tuvo lugar en el cielo de la ciudad suiza de Basilea y quedó debidamente registrado en el periódico local. Según dicho relato, de nuevo participaron en la lucha esferas rojas y negras. Los estudiosos de la época han señalado que hay muchos otros acontecimientos similares registrados en los boletines y periódicos de Europa central durante este periodo. Hasta la fecha no se ha dado ninguna explicación convincente para estos acontecimientos.

VÉASE TAMBIÉN: Escudos y luces en los cielos (216 a. e. c.), Los «foo fighters» (1944)

LA BATALLA SOBRE NÚREMBERG. Esta ilustración del siglo XVI se imprimió en un boletín informativo y se distribuyó entre los habitantes de Núremberg.

EL AVISTAMIENTO DE DINGHAI

A mediados del siglo XVI, se documentó una inusual concentración de fenómenos aéreos no identificados. Por ejemplo, poco más de un año después de los notables acontecimientos ocurridos sobre Núremberg, los habitantes de la aldea de Dinghai, en la provincia china de Zhejiang, observaron un extraño objeto descendiendo del noroeste del cielo. Esto ocurrió el 24 de julio de 1562, poco después de la puesta del sol. Según los testigos, el objeto tenía el aspecto de un *dou*, un recipiente tradicional para medir el arroz; tenía la parte superior puntiaguda, la inferior redondeada y era de color amarillo y blanco, con un soporte marrón en uno de los lados.

El objeto descendió rápidamente, envuelto en llamas. Emitía una luz tan brillante que los testigos alcanzaban incluso a apreciar el vello de su piel. Justo antes de impactar contra el suelo, se elevó repentinamente y descendió varias veces, proyectando unas sombras danzantes. Lo que ocurrió después no se detalla en la única versión conocida de este avistamiento redactada en una lengua occidental. Sin embargo, el descenso del extraño objeto fue presenciado en un área de más de quinientos kilómetros de diámetro, y los relatos de los testigos fueron recopilados por el gobierno imperial chino y remitidos a la oficina que se ocupaba de los informes sobre presagios y sucesos extraños.

Como sugiere este hecho, la antigua China contaba con abundantes relatos sobre misteriosos fenómenos aéreos. En una recopilación de estos informes se enumeran nada menos que 741 avistamientos de ovnis entre el 139 a. e. c. y 1918 e. c. Hasta ahora, los investigadores de ovnis en los países occidentales apenas han explorado este material, y todavía menos se ha traducido a lenguas occidentales. Cuando finalmente se contraste la rica tradición china sobre los ovnis con sus equivalentes occidentales, es posible que obtengamos una comprensión mucho más amplia de la historia de estos fenómenos.

VÉASE TAMBIÉN: El avistamiento de Baoding (1277), El acontecimiento de Tunguska (1908), El accidente de Kecksburg (1965)

FANI EN LA CHINA DEL SIGLO XVI. Los avistamientos fueron frecuentes durante el periodo comprendido entre el 139 a. e. c. y el 1918 e. c.

JOHN WINTHROP.

FIRST GOVERNOR OF MASSACHUSETTS.

EL AVISTAMIENTO DEL RÍO MUDDY

En la zona que más tarde se convertiría en los Estados Unidos de América también aparecieron extraños objetos voladores, mucho antes de que las colonias se rebelaran contra Gran Bretaña. John Winthrop, gobernador de la colonia puritana de la bahía de Massachusetts, registró varios avistamientos clásicos en su diario. El primero está fechado el 1 de marzo de 1639. A principios de ese año, Winthrop escribió que el colono James Everell y otras dos personas se encontraban en una barca de remos en el río Muddy, un afluente del río Charles.

Esa noche, los tres hombres vieron una luz extraña en el cielo. Al principio, según sus estimaciones, medía unos tres metros de ancho, pero se contrajo hasta alcanzar el tamaño y la forma de un cerdo grande y comenzó a moverse con la rapidez de una flecha, yendo y viniendo entre el río Muddy y el pueblo de Charlestown, a tres kilómetros de distancia. Siguió con este movimiento durante varias horas y luego se esfumó. Al desaparecer, los tres hombres descubrieron que, de alguna manera, se habían desplazado un kilómetro y medio río arriba, sin recordar haber remado toda esa distancia a contracorriente. Este es uno de los primeros ejemplos conocidos del síndrome del «tiempo perdido», que ahora se asocia a las experiencias de abducción.

En una entrada del diario de Winthrop fechada el 18 de enero de 1644 se habla de otra serie de extrañas luces nocturnas. Una vez más, los testigos de este avistamiento fueron tres hombres que iban en una barca. Winthrop anotó que, hacia la medianoche, los tres hombres vieron dos luces que se elevaban sobre las aguas del puerto de Boston. Las luces tenían el tamaño y la forma aproximada de seres humanos. Volaron sobre la ciudad hasta South Point y luego desaparecieron de repente.

Winthrop, un puritano devoto, interpretó estos y otros sucesos extraños desde el punto de vista de la religión y el folclore de su época. Pasarían tres siglos y muchos cambios culturales antes de que alguien pensara en identificarlos como pruebas de la existencia de visitantes del espacio exterior.

VÉASE TAMBIÉN: El avistamiento de Baoding (1277), La abducción de Barney y Betty Hill (1961), *Comunión* (1987)

LUCES NOCTURNAS EXTRAÑAS. El primer gobernador de Massachusetts, John Winthrop, registró varios avistamientos en su diario.

EL AVISTAMIENTO DE ROBOZERO

Otro intrigante avistamiento moderno de un objeto volador no identificado tuvo lugar en 1663, cerca del pueblo ruso de Robozero. El sábado 15 de agosto, los campesinos de la región se habían reunido en la iglesia de Robozero. Alrededor del mediodía, mientras se celebraba el servicio, se oyó un fuerte ruido en el exterior y mucha gente salió corriendo para ver qué pasaba. Avistaron un objeto brillante con forma de bola de fuego, de unos 40 metros de diámetro, que volaba por el cielo y provenía del norte. Desde el extremo frontal se extendían dos rayos llameantes de otros 40 metros de longitud, aproximadamente. El objeto pasó por encima de la iglesia y se alejó en dirección a un lago cercano.

Menos de una hora después, el artilugio regresó, sobrevolando el lago hacia el cielo occidental, donde volvió a desaparecer por unos instantes. Luego regresó y se quedó suspendido sobre Robozero durante una hora y media antes de desaparecer de nuevo. Luego se supo que dos pescadores que estaban en un bote en el lago habían sufrido quemaduras como consecuencia del calor irradiado por el objeto. Contaron que habían visto el agua del lago iluminada hasta una profundidad de diez metros, y que los peces habían huido hacia la orilla para alejarse de la luz y el calor. También afirmaron que el agua parecía estar cubierta de óxido a causa de la luz rojiza que emitía el objeto.

Un funcionario local, Ivachko Revskoi, tuvo conocimiento del avistamiento a través de un granjero, Levko Fedorov, y se personó en Robozero para investigarlo. Los sacerdotes del distrito confirmaron que la historia de Fedorov era verídica, y Revskoi remitió un informe detallado al monasterio de San Cirilo, donde quedó registrado. Este caso de avistamiento de ovni, totalmente moderno, sigue siendo uno de los muchos avistamientos inexplicables de la historia.

VÉASE TAMBIÉN: El avistamiento en el Estadio Artemio Franchi (1954), El avistamiento en la escuela Westall (1966), Encuentro cercano en la escuela Ariel (1994)

QUEMADOS POR EL FUEGO DEL CIELO. Varios pescadores que se encontraban cerca del pueblo ruso de Robozero sufrieron quemaduras tras avistar un misterioso objeto en el cielo.

The Mowing-Devil:
Or, Strange *NEWS* out of
Hartford-ſhire.

Being a True Relation of a Farmer, who Bargaining
with a Poor *Mower*, about the Cutting down Three Half
Acres of *Oats*; upon the *Mower's* asking too much, the Farmer ſwore, *That the Devil ſhould Mow it, rather than He:*
And ſo it fell out, that that very Night, the Crop of *Oats*
ſhew'd as if it had been all of a Flame; but next Morning
appear'd ſo neatly Mow'd by the Devil, or ſome Infernal Spi-
rit, that no Mortal Man was able to do the like.
Alſo, How the ſaid *Oats* ly now in the Field, and the Owner
has not Power to fetch them away.

Licenſed, *Auguſt* 22th. 1678.

EL DIABLO SEGADOR

Los círculos en los cultivos constituyen otro aspecto del fenómeno ovni moderno, cuyas raíces se remontan a varios siglos atrás. Un ejemplo excepcionalmente bien documentado de esto tuvo lugar en Hertfordshire, Inglaterra, en 1678. Como la mayoría de los primeros relatos de fenómenos relacionados con ovnis, fue interpretado por los testigos en términos del folclore y las creencias religiosas de su propio lugar y época, más centrados en la figura del diablo cristiano que en los extraterrestres de planetas lejanos.

La historia, que se recogió en un panfleto sensacionalista de la época, cuenta lo siguiente: un granjero de Hertfordshire quería contratar a un jornalero para cosechar tres hectáreas y media de avena. Sin embargo, el jornalero le pidió un salario tan alto que el granjero juró que prefería dejar que el diablo segara el grano antes que pagarle tal cantidad. Esa noche, varios testigos vieron lo que parecían llamas elevándose sobre el campo de avena. A la mañana siguiente, la avena apareció segada con una pulcritud sobrenatural, y el granjero comprobó que no podía recogerla del campo.

La imagen del folleto, un sencillo grabado en madera, muestra una figura humanoide negra con una hoz segando el grano en espiral, como los círculos que se veían a menudo en los cultivos a finales del siglo XX. Esta imagen, junto con el relato que la acompaña, llevó a que el incidente del «diablo segador» se reconociera como uno de los primeros «círculos en los cultivos» documentados. Sin embargo, la situación no era la misma, ya que en 1678 la avena se cortó en lugar de doblarse, como ocurrió en los círculos más recientes. No obstante, la historia del diablo segador de Hertfordshire constituye otro recordatorio útil de que muchos aspectos de la experiencia moderna con los ovnis se remontan a la Antigüedad.

VÉASE TAMBIÉN: Los círculos en los cultivos de Tully (1966), Los creadores de los círculos, desenmascarados (1991)

NOTICIAS EXTRAÑAS DESDE HERTFORDSHIRE. Este panfleto inglés grabado en madera fue distribuido entre los residentes de la ciudad tras producirse un suceso inexplicable.

EL INCIDENTE DEL UTSURO-BUNE

Uno de los acontecimientos más extraños de las crónicas japonesas es la historia del Utsuro-bune, o «barco hueco», un artefacto con forma de platillo que apareció en las costas de la provincia de Hitachi, en Japón, el 22 de febrero de 1803. La superficie superior era de color rojo lacado, con varias ventanas transparentes, y la parte inferior estaba recubierta de metal. En su interior se hallaba una joven de entre dieciocho y veinte años, vestida con una túnica larga y suave de un material desconocido. Tenía el pelo rojo con extensiones largas y blancas de pelo artificial trenzado, y su piel era de un color rosa muy pálido.

Los pescadores locales lograron arrastrar la embarcación hasta la orilla, la abrieron e intentaron comunicarse con la mujer. Sin embargo, ella no entendía el japonés, ni ninguno de los pescadores entendía el idioma que ella hablaba. Parecía amable y educada, pero sostenía con ambas manos una caja cúbica con una sustancia pálida que no dejaba que nadie la tocara. Dentro de la embarcación había dos alfombras suaves bastante extrañas y una reserva de alimentos.

En aquella época, Japón estaba aislado del resto del mundo por orden de sus gobernantes, los shogunes Tokugawa, que querían proteger a su nación de los imperios coloniales europeos. Existían leyes estrictas que prohibían a los japoneses relacionarse con extranjeros. Según una de la versiones, los pescadores devolvieron a la mujer al Utsuro-bune, lo llevaron de vuelta al mar abierto y dejaron que siguiera su camino. Otra versión afirma que el Utsuro-bune fue devuelto al mar, pero la mujer se quedó en el pueblo pesquero y vivió allí hasta una edad avanzada.

¿Tiene esta extraña historia algo que ver con los ovnis? Varios investigadores japoneses han señalado las similitudes entre el Utsuro-bune y las naves con forma de platillo que se han visto en los cielos de otras partes del mundo en los últimos años, y han sugerido que existe una conexión.

VÉASE TAMBIÉN: Visitantes misteriosos (5000 a. e. c.), Viajeros de Magonia (815), *Recuerdos del futuro* (1968)

EL BARCO HUECO. Cuatro textos distintos hacen referencia a lo que podría haber sido un encuentro cercano, incluyendo estos dos relatos, el de abajo escrito en 1844 por Nagahashi Matajirou.

The Mysterious Flying Light That Hovered Over St. Mary's College, Oakland, and Then Started for San Francisco. It Is Exactly Like That Described by Sacramentans, and Similar to the Cut Published a Few Days Ago in "The Call" From a Description Furnished by One Who Saw It.

LA LLEGADA DE LAS AERONAVES

El 19 de abril de 1897, J. B. Ligon, residente en Beaufort, Texas, no esperaba verse envuelto en un misterio que desafiaría el paso del tiempo. Aquella noche, junto a su hijo Charles, observó unas luces inusuales moviéndose en un prado cercano y decidieron acercarse para ver qué pasaba. En lugar de ladrones de ganado, se encontraron con cuatro individuos junto a una aeronave. Los hombres afirmaron haber volado hasta allí desde Iowa y pidieron dos cubos de agua. Los Ligon les dieron el agua y los hombres entraron en la aeronave y se alejaron volando.

Los Ligon no fueron los únicos estadounidenses que vieron aeronaves en 1896 y 1897. Miles de testigos en veinte estados estadounidenses las avistaron: objetos con forma cilíndrica en lo alto del cielo, muchos de ellos con luces brillantes. La mayoría de los testigos asumieron que esos objetos eran aeronaves experimentales. Más de una docena de personas, igual que los Ligon, tuvieron sus propios encuentros cercanos con pilotos de aeronaves durante esos dos años. En la mayoría de estos encuentros, los pilotos insistían en que eran inventores que habían creado una aeronave funcional y que pronto revelarían su invento al mundo.

Pero esta revelación nunca tuvo lugar. En cambio, durante las décadas siguientes, inventores de media docena de países diseñaron y probaron minuciosamente las tecnologías que harían funcionar las máquinas voladoras y, poco a poco, llegaron a un punto en el que pudieron igualar el rendimiento de las aeronaves fantasma de 1896 y 1897. Hasta el día de hoy, nadie sabe qué había detrás de las aeronaves que vieron los Ligon y tantas otras personas. Algunos investigadores han descartado sus testimonios calificándolos de falsos; otros han argumentado que durante aquellos años pudo existir un programa secreto de aeronaves que se adelantó a la tecnología conocida en aquel momento, pero incluso ya cuando se avistaron por primera vez, hubo algunas personas que especularon con la posibilidad de que procedieran de otros mundos.

VÉASE TAMBIÉN: El regreso de las aeronaves (1909), Vuelven las aeronaves (1913)

AERONAVES FANTASMA. Este artículo, publicado el 22 de noviembre de 1896 en el periódico *The San Francisco Call* relata un avistamiento sobre Sacramento, California.

EL ACCIDENTE DE AURORA

Los periódicos de todo Estados Unidos todavía estaban repletos de historias sobre misteriosas aeronaves en la mañana del 17 de abril de 1897, cuando una aeronave se estrelló contra el molino de viento propietario del juez J. S. Proctor, cerca de la pequeña ciudad de Aurora, Texas. Alrededor de las seis de la mañana, numerosas personas la avistaron volando hacia el norte a una velocidad de tan solo dieciséis o veinte kilómetros por hora y descendiendo lentamente hacia el suelo. Al chocar contra el molino, explotó; como consecuencia, se esparcieron sus restos por varias hectáreas de tierras de cultivo y el molino quedó destrozado.

Según relataron los periódicos de la época, los habitantes del pueblo acudieron al lugar. La crónica, publicada dos días después en el *Dallas Morning News*, incluía detalles inquietantes: los restos de la nave parecían estar hechos de un metal desconocido, «parecido a una mezcla de aluminio y plata», y el único ocupante de la aeronave yacía muerto en el suelo, con documentos escritos en misteriosos jeroglíficos sobre su cuerpo. «Aunque sus restos están muy desfigurados», afirmaba el periódico, se recogió suficiente material original como para demostrar que «no era un habitante de este mundo». Un aficionado a la astronomía de la zona sugirió que el piloto era un habitante de Marte.

En medio del revuelo causado por la aeronave, el accidente de Aurora recibió poca atención. Casi un siglo después, investigadores de ovnis interesados en el fenómeno de las aeronaves descubrieron la historia y fueron a investigar. No se encontró ningún rastro del misterioso metal ni de los jeroglíficos, y la tumba del piloto alienígena resultó igualmente difícil de localizar. Numerosos estudiosos del tema han descartado toda la historia por considerarla una farsa, pero aún no han aparecido pruebas concluyentes. Sin embargo, lo más destacable del accidente de Aurora, en retrospectiva, es lo mucho que se asemeja al accidente de Roswell, ocurrido poco más de cincuenta años después.

VÉASE TAMBIÉN: El acontecimiento de Tunguska (1908), El accidente de Roswell (1947), El accidente de Kecksburg (1965), El accidente en Shag Harbour (1967), El accidente de Megaplatanos (1990), Encuentros cercanos en Varginha (1996)

EMPLAZAMIENTO DE LA «TUMBA ALIENÍGENA». Esta piedra, con grabados de la nave espacial vista sobre Aurora, marca el lugar donde descansan los restos de un extraterrestre al que los habitantes del pueblo suelen llamar «Ned».

EL ACONTECIMIENTO DE TUNGUSKA

1908

El valle del río Tunguska se encuentra en una región aislada del centro de Siberia, al norte del lago Baikal. A las 7:17 de la mañana del 30 de junio de 1908, un objeto luminoso alargado llegó desde el sureste y se estrelló en el valle, al norte de la ciudad de Vanovara. La bola de fuego calcinó 800 000 hectáreas de bosque y 500 renos que se encontraban cerca del punto de impacto murieron carbonizados en el acto. Se rompieron los cristales de ventanas situadas a 190 km de distancia. Los barómetros de Londres registraron la onda expansiva, que dio dos vueltas al mundo, y durante las noches siguientes el cielo de Europa occidental brilló tanto que la gente podía leer el periódico sin necesidad de luz.

Las estimaciones actuales de la explosión le dan una fuerza de entre doce y treinta megatones, la mayor explosión en la Tierra hasta la invención de la bomba de hidrógeno. Los científicos de la época asumieron que el responsable debía ser un meteoro. Sin embargo, cuando los primeros geólogos llegaron a la zona, no encontraron ningún cráter ni fragmentos de meteoro. Lo que detonó en el valle de Tunguska debió de explotar en el aire. ¿Un cometa? Quizás, pero un cometa lo suficientemente grande como para causar tal desastre habría sido visible para los astrónomos mucho antes de que se precipitara hacia la atmósfera terrestre, y en 1908 había muchos astrónomos aficionados y profesionales buscando cometas.

Los investigadores de ovnis tienen otra teoría. Destacan que los investigadores rusos en 1959 y 1960 hallaron mutaciones inexplicables en plantas y animales de la zona, así como una cantidad inusual de cesio radiactivo en los anillos de los árboles locales de 1908. ¿Es posible que una nave espacial propulsada por energía nuclear de otro mundo explotara sobre Siberia aquella mañana? Sugieren que vale la pena considerarlo, ya que nadie ha encontrado aún otra explicación que arrojara luz sobre todos los datos.

VÉASE TAMBIÉN: El accidente de Roswell (1947), El accidente de Kecksburg (1965), El accidente en Shag Harbour (1967), El accidente de Megaplatanos (1990), Encuentros cercanos en Varginha (1996)

EL LUGAR DE LA EXPLOSIÓN. Este mapa muestra la zona de Siberia en la que una enorme explosión arrasó cientos de miles de hectáreas de tierra.

EL REGRESO
DE LAS AERONAVES

La explosión sobre Tunguska pudo haber sido una especie de presagio, ya que al año siguiente regresaron aquellas misteriosas aeronaves. Por aquel entonces, las aeronaves eran noticia: el vuelo histórico del conde Ferdinand von Zeppelin sobre el lago Constanza el 2 de julio de 1909 apareció en todos los medios de comunicación, y muchos otros países habían puesto en marcha sus propios programas de aeronaves. Sin embargo, los periodistas y espías seguían de cerca el paradero de las pocas aeronaves conocidas en aquella época. Ninguna de ellas parece estar relacionada con la segunda gran ola de avistamientos de aeronaves desconocidas, que se extendió por Europa y Australia a partir de principios de 1909.

Inglaterra fue el primer lugar que visitaron estos misteriosos dirigibles. Un agente de policía de Peterborough avistó uno en la mañana del 23 de marzo y, durante los dos meses siguientes, se multiplicaron los avistamientos en todas las islas británicas: se reportaron en East Anglia, Essex, Gales e Irlanda del Norte. En algunos casos, los testigos solo vieron una luz en el cielo, mientras que otros oyeron el ruido de un motor. Otros vieron un objeto alargado moviéndose en el aire, mientras que unos pocos tuvieron lo que más tarde se denominaría un encuentro cercano del tercer tipo con una nave aterrizada y sus tripulantes.

Sin embargo, se registraron avistamientos aún más dramáticos en Nueva Zelanda y Australia. Una maestra y sus alumnos en Kelso, en la Isla Sur de Nueva Zelanda, vieron una nave negra con forma cilíndrica maniobrando en lo alto del cielo el 23 de julio. Otros testigos en la Isla Sur avistaron la misma nave, o una muy similar, en varias ocasiones durante las semanas siguientes. A principios de agosto, la misteriosa nave trasladó sus operaciones a Australia. Durante todo el mes de agosto, los testigos informaron de naves con forma cilíndrica o luces en movimiento en el cielo de Nueva Gales del Sur, Tasmania y Australia Occidental. A partir de entonces, la nave desapareció, al menos por un tiempo.

VÉASE TAMBIÉN: La llegada de las aeronaves (1896), Vuelven las aeronaves (1913)

UNA AERONAVE SOBRE PETERBOROUGH. Una aeronave, según la vio el agente Kettle sobre la catedral de Peterborough, en marzo de 1909.

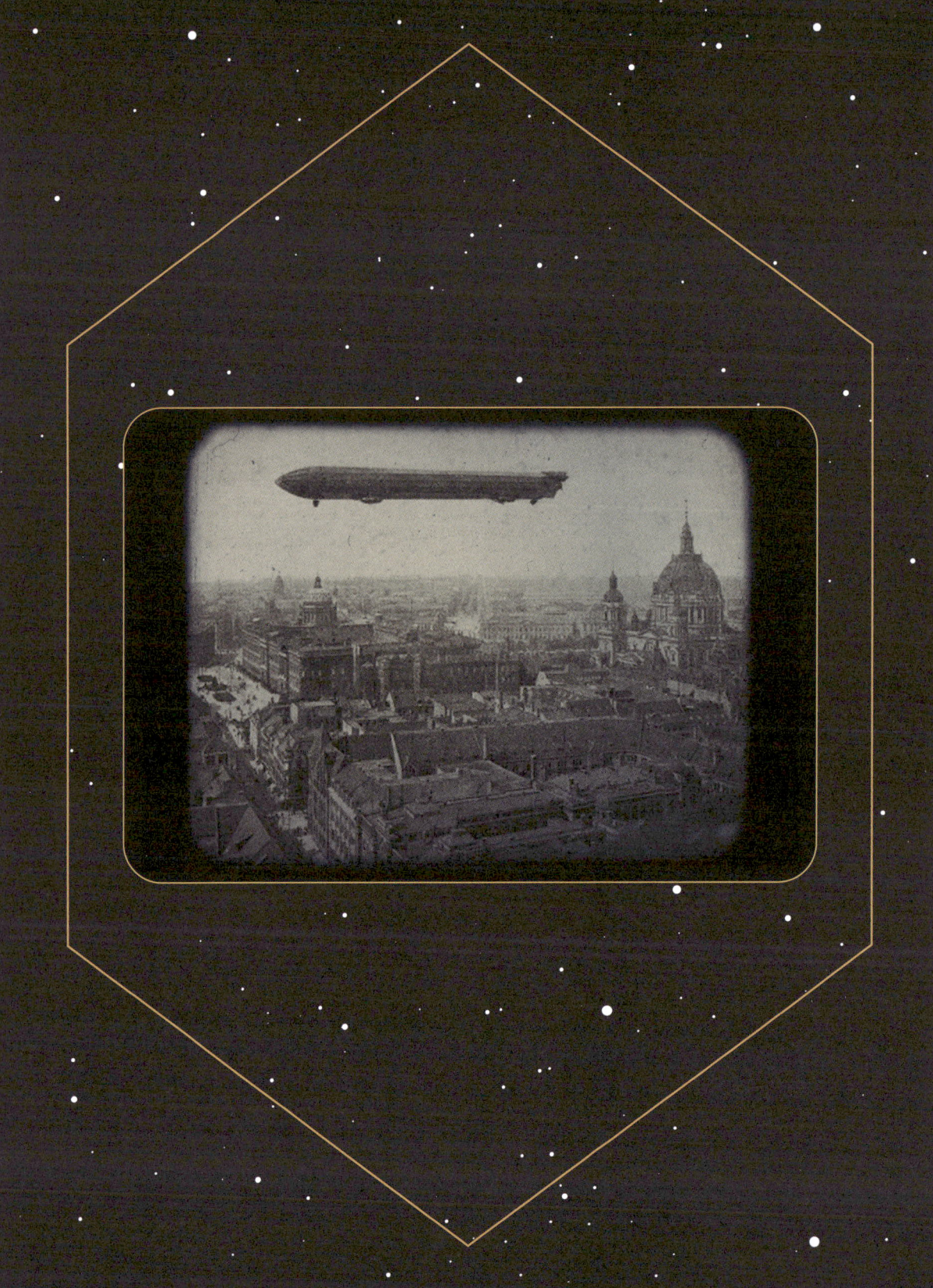

VUELVEN LAS AERONAVES

En los primeros meses de 1913, las aeronaves fantasma dejaron claro que no habían terminado con sus misteriosas maniobras. El 17 de enero de ese año, más de una docena de personas avistaron una aeronave sobrevolando el sur de Gales y los condados fronterizos ingleses cercanos. El 5 de febrero, cientos de personas de la misma región observaron una luz inusualmente brillante maniobrando en lo alto del cielo. El 21 de febrero, la misteriosa nave comenzó una serie de visitas a los cielos de Yorkshire, donde miles de personas presenciaron un resplandor en el cielo y algunos afirmaron ver un cuerpo largo con forma de cilindro a gran altitud. Los avistamientos continuaron casi a diario en la zona durante la semana siguiente y luego disminuyeron. Se produjeron algunos avistamientos más en abril, junio, agosto y septiembre.

Todo esto tuvo lugar en un momento de creciente tensión internacional, cuando el Imperio alemán se posicionaba para enfrentarse a Gran Bretaña y sus aliados. El ejército alemán estaba invirtiendo mucho en aeronaves y, aunque Gran Bretaña tenía su propio programa en este tema, se creía que los alemanes iban muy por delante en la carrera aeronáutica. La mayoría de los testigos asumieron que lo que veían eran zepelines alemanes recabando información sobre las defensas británicas o incluso transportando espías y saboteadores. La prensa británica se llenó de editoriales frenéticos exigiendo que alguien hiciera algo para detener las siniestras naves alemanas.

No obstante, una vez finalizada la Primera Guerra Mundial y cuando los investigadores aliados tuvieron acceso a los registros militares alemanes, se descubrió que ninguno de los avistamientos podía atribuirse a aeronaves alemanas. Los registros de otras naciones que tenían programas de aeronaves en la misma época arrojaron los mismos resultados. Los escépticos han achacado todo el fenómeno a la histeria colectiva y a avistamientos erróneos de planetas y estrellas brillantes; otros investigadores, menos escépticos, han señalado que los ovnis con forma cilíndrica desempeñaron un papel importante más adelante en la historia del fenómeno.

VÉASE TAMBIÉN: La llegada de las aeronaves (1896), El regreso de las aeronaves (1909)

LA ERA DE LOS ZEPELINES. Durante este periodo, se produjeron numerosos avistamientos inexplicables que describían naves aéreas con características similares a los zepelines militares, como este que aparece en una fotografía de 1913 sobre el cielo de Berlín.

LOS AVIONES MISTERIOSOS

En 1914, los aeroplanos eran una tecnología nueva, frágil, poco fiable y experimental. Los ejércitos de la mayoría de las grandes potencias estaban explorando sus posibilidades, pero la mayoría de los aviones militares seguían en Europa, donde el temor a una guerra era cada vez mayor. En Sudáfrica, a miles de kilómetros de distancia, no había ni un solo avión en funcionamiento, ni siquiera un aeródromo. Esto contribuyó a desatar el pánico general cuando, en agosto de 1914, mientras Europa se sumía en la guerra, comenzaron a avistarse aviones, o luces que se interpretaron como aviones.

Los primeros avistamientos tuvieron lugar en la noche del 13 al 14 de agosto, cerca de Ciudad del Cabo. Varios testigos avistaron lo que creyeron que era un biplano sobrevolando Table Bay en la tarde del día 13, y más testigos lo avistaron antes del amanecer del día 14 sobrevolando la península del Cabo. Esa noche, trece personas vieron una luz brillante moviéndose por el cielo sobre Riversdale. En la noche del día 16, otras quince personas vieron un avión con una luz brillante sobrevolando Worcester. Las noches del 19 y el 20 hubo avistamientos en toda la región de Ciudad del Cabo; la mayoría de los testigos relataron haber visto una luz brillante en el cielo, pero algunos aseguraron que era un avión que transportaba la luz. Los avistamientos alcanzaron su punto álgido en ese momento y fueron desapareciendo de manera gradual desde principios de septiembre.

Los escépticos insistían en que lo que los testigos habían visto era sencillamente el planeta Venus, que durante esas noches era visible y brillaba con intensidad. La mayoría de los sudafricanos asumieron, en cambio, que el destacamento militar alemán en Namibia, entonces colonia alemana, había enviado aviones para espiar las defensas de Sudáfrica. En aquella época había tres aviones alemanes en Namibia, pero ninguno de ellos tenía el alcance necesario para llegar a Ciudad del Cabo y volver sin aterrizar para repostar, y mucho menos para pasar horas y horas sobrevolando Sudáfrica noche tras noche. Nadie sabe aún con certeza qué fue lo que vieron los testigos.

VÉASE TAMBIÉN: Los pilotos fantasma de Escandinavia (1933)

¿VENUS, O...? Esta foto muestra el planeta iluminado. ¿Era este, como creían los escépticos, el motivo por el que tantos pensaron haber visto una nave no identificada?

LO!
by CHARLES FORT

Acclaimed by
THEODORE DREISER

EL LIBRO DE LOS CONDENADOS

Algunas revoluciones intelectuales son impulsadas por figuras pintorescas que llevan vidas apasionantes. Charles Fort, con su aspecto de morsa simpática, era todo lo contrario: pasaba la mayor parte del tiempo en bibliotecas públicas o sentado detrás del escritorio de su casa. En su juventud fue periodista, pero gracias a una herencia pudo retirarse de la profesión y dedicar el resto de su vida a su verdadera pasión: recopilar datos excluidos de las investigaciones científicas oficiales por considerarse demasiado extraños.

Entonces, al igual que ahora, la comunidad científica tenía la mala costumbre de prestar atención a las pruebas que respaldaban sus ideas preconcebidas e ignorar todo lo que contradecía la sabiduría convencional. Como periodista, Fort había sido testigo de muchos casos en los que los científicos insistían en que las explicaciones que ellos preferían eran las correctas, incluso a costa de los hechos. Esa experiencia impulsó su gran proyecto: una serie de cuatro libros —*El libro de los condenados* (1919),

New Lands (1923), *Lo!* (1931) y *Wild Talents* (1932)— que presentaba un amplio despliegue de hechos imposibles para demostrar que los científicos sabían mucho menos sobre el universo de lo que creían.

Los objetos aéreos desconocidos y las luces voladoras ocupaban gran parte de las páginas de los libros de Fort. A lo largo del siglo XIX y principios del XX, la población fue testigo de fenómenos extraños en los cielos y relató sus experiencias a periódicos y revistas científicas. Como nadie sabía qué eran esas luces, todos esos relatos no hacían más que alimentar la teoría de Fort. Por ello, sus libros son uno de los mejores recursos disponibles sobre los primeros avistamientos de ovnis, y él fue también uno de los primeros escritores influyentes en sugerir que esas extrañas luces eran naves pilotadas procedentes de otro planeta.

VÉASE TAMBIÉN: *Cuando las profecías fallan* (1954) (1954), *Recuerdos del futuro* (1968), *Comunión* (1987), *He aquí un caballo pálido* (1991)

LA REALIDAD SUPERA A LA FICCIÓN. Los escritos de Charles Fort (1874-1932) nos proporcionan unos registros excepcionales de los primeros encuentros con lo desconocido.

LOS PILOTOS FANTASMA
DE ESCANDINAVIA

El condado de Västerbotten, en el norte de Suecia, es una región agreste y densamente boscosa situada justo debajo del círculo polar ártico, cerca de la frontera con Noruega. A finales del otoño de 1933, contaba con un solo avión, una ambulancia aérea que estaba fuera de servicio por mantenimiento. Por eso, los funcionarios del gobierno de la región quedaron desconcertados cuando varios testigos comenzaron a ver luces voladoras sobre los valles que conectaban la región con Noruega. La policía y los agentes de aduanas investigaron el asunto de inmediato, ya que sospechaban que un grupo de contrabandistas utilizaba aquella región aislada para introducir mercancías ilegales en Suecia, pero no encontraron ninguna prueba de que hubiera aviones convencionales en la zona.

Los avistamientos continuaron durante los primeros meses de 1934. Algunos testigos vieron aviones, a los que describieron como grandes, grises y sin distintivos. Otros simplemente vieron luces voladoras. Las noches del 8 y 9 de enero de 1934, el periodo álgido de los «aviones fantasma», se registraron más de cuarenta avistamientos. La fuerza aérea sueca, Flygvapnet, envió aviones a la región, pero no encontró nada. Mientras tanto, los oficiales militares suecos se pusieron en contacto con sus homólogos de Noruega y Finlandia y descubrieron que se estaban produciendo avistamientos similares en ambos países. En total, se registraron unos 487 avistamientos de aeronaves desconocidas en los tres países escandinavos durante el invierno de 1933-1934, de los cuales cien se consideraron verosímiles.

El fenómeno llegó a su fin antes de que terminara ese invierno. Sin embargo, en el periodo invernal de 1936-1937, los aviadores fantasma reaparecieron. Se registraron cientos de avistamientos más, y el comportamiento de los objetos voladores desconocidos fue tan evasivo y desconcertante como antes. ¿Eran aviones secretos de las Fuerzas Aéreas Soviéticas o de la Luftwaffe nazi alemana, espiando el territorio que rodeaba las ricas minas de hierro del norte de Suecia? ¿O estaba ocurriendo algo realmente extraño? A día de hoy, nadie lo sabe.

VÉASE TAMBIÉN: Los aviones misteriosos (1914), Los cohetes fantasma (1946)

OVNIS EN LA NEVADA ESCANDINAVIA. Una puesta de sol en Västerbotten, Suecia, nos da una idea del entorno en el que se registraron tantos avistamientos.

EL PRIMER AVISTAMIENTO
DE CORAL LORENZEN

En 1934, Barron, Wisconsin, era un pequeño pueblo agrícola de mil quinientos habitantes. En aquella época, los aviones eran todavía algo tan nuevo que la llegada de un piloto acrobático a un campo cercano al pueblo, que ofrecía vuelos en un avión militar en desuso, fue un acontecimiento del que se habló durante años. Fue allí donde Coral Lorenzen, de nueve años, y dos de sus amigas estaban jugando un día de verano cuando un objeto extraño apareció en el cielo, al suroeste.

Más tarde, al relatar el suceso por escrito, Lorenzen lo describió como un objeto blanco y brillante, con forma de paraguas abierto —sin varillas ni puntas— y con un tamaño aproximado al de una moneda de diez centavos sostenida a la distancia del brazo. Una de sus amigas pensó que podría ser un paracaídas, pero las tres niñas no vieron cuerdas, cables ni paracaidistas. Observaron el objeto mientras se desplazaba lentamente sobre sus cabezas con un curioso movimiento ondulatorio. Unos veinte segundos después de aparecer, se esfumó más allá del horizonte. Lorenzen se fue a casa y se lo contó a su padre, quien preguntó en el vecindario, pero nadie más había visto el objeto y tampoco se encontró ningún paracaídas al norte de Barron.

Este habría sido solo un avistamiento más —el tipo de suceso que apenas merecería un par de párrafos en uno de los libros de Charles Fort— de no ser porque despertó en Coral Lorenzen un interés por los objetos aéreos misteriosos que la acompañaría el resto de su vida. De adulta, se convirtió en reportera del *Green Bay Press-Gazette* en Wisconsin, y publicó muchos artículos sobre fenómenos aéreos no identificados en sus páginas. En 1952, después de que ella y otras docenas de personas avistaran un elipsoide plateado flotando sobre Sturgeon Bay, ella y su marido, Jim, fundaron la Aerial Phenomena Research Organization o APRO (Organización para la Investigación de Fenómenos Aéreos), que se convirtió en uno de los principales centros de investigación independientes sobre ovnis y contribuyó en gran medida a dar a conocer el fenómeno.

VÉASE TAMBIÉN: El NICAP investiga el fenómeno (1956)

FUNDADORES DE LA APRO. Un encuentro durante su infancia llevó a Coral Lorenzen a fundar la Aerial Phenomena Research Organization (APRO) junto con su marido.

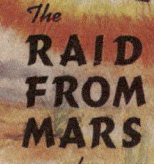

VALLEY OF INVISIBLE MEN *by* EDMOND HAMILTON

SEE
BACK
COVER

AMAZING
STORIES

MARCH
20c

The
RAID
FROM
MARS
by
MILES J. BREUER

AND
GREAT
STORIES BY
ED EARL REPP
ROBERT BLOCH
F. A. KUMMER, JR.

LA INVENCIÓN DE LOS PLATILLOS VOLADORES

Prácticamente podría haber pasado por un hombrecito verde. Lisiado desde niño a causa de un accidente, Raymond Palmer, que era muy bajito incluso de adulto, se refugió en la ciencia ficción. Tras hacerse famoso como uno de los fundadores del fandom de la ciencia ficción, en 1938 fue contratado por la cadena de revistas pulp Ziff-Davis para editar la revista mensual *Amazing Stories*, que estaba en horas bajas. Palmer conocía a su público mejor que nadie en el sector y llenó las páginas de la revista con historias sensacionalistas y entretenidas de aventuras interplanetarias, lo que convirtió *Amazing Stories* en una de las revistas pulp de ciencia ficción más populares y rentables

En el proceso, recuperó la imagen del platillo volador de revistas pulp anteriores y la convirtió en un icono perdurable. En 1915, una de las revistas del pionero de las revistas pulp Hugo Gernsback había presentado un avión con forma de platillo. En los años siguientes, los platillos voladores aparecieron de vez en cuando en las portadas de las revistas pulp de ciencia ficción, pero fue Palmer quien los convirtió

en una de las imágenes estándar de la tecnología del futuro, llenando con colores llamativos las portadas de muchos números.

Este no fue el único elemento del fenómeno ovni que apareció en la ciencia ficción antes de la primera gran oleada de avistamientos. Figuras ya clásicas de la tradición ufológica —como los alienígenas enanos de cabezas desproporcionadas, los secuestros con fines reproductivos o las averías eléctricas en presencia de platillos voladores— ya estaban presentes en la ciencia ficción pulp muchos años antes de que empezaran a registrarse testimonios reales. Nadie sabe por qué.

Cuando el investigador heterodoxo de ovnis John Keel describió a Palmer como «el hombre que inventó los platillos voladores», solo estaba exagerando ligeramente. Sin Palmer, el fenómeno podría haber adoptado una forma muy distinta.

VÉASE TAMBIÉN: El misterio de Shaver (1945), El fenómeno profetizado (1946), El avistamiento de Arnold (1947)

PEQUEÑOS HOMBRECILLOS VERDES. Este número de *Amazing Stories* de marzo de 1939 presenta una portada típica del arte fantástico de ciencia ficción que se hizo popular en los Estados Unidos a mediados del siglo XX, obra del pintor Robert Fuqua.

LOS «FOO FIGHTERS»

En el otoño de 1944, el cielo de Europa estaba en llamas a causa de la guerra. Las flotas de bombarderos británicos y las escuadras de cazas nocturnos estadounidenses se lanzaron al espacio aéreo sobre la Europa ocupada para combatir a la Luftwaffe y bombardear ciudades alemanas. Para entonces, las tripulaciones aliadas ya estaban acostumbradas a los aviones de combate germanos y al fuego de los cañones antiaéreos, pero octubre trajo algo nuevo e inesperado: esferas de luz brillante o llamas rojas, naranjas o blancas que seguían a sus aviones mientras volaban.

Lo primero en lo que pensaron los mandos aéreos aliados fue que se había desplegado alguna nueva arma secreta alemana, pero las bolas de luz no intentaron ninguna acción hostil. Simplemente seguían a los aviones, a veces volando en formación cerrada, a veces virando violentamente por el aire. Aparecían sin previo aviso y desaparecían sin dejar rastro. Al principio se les llamó «bolas de fuego Kraut», pero un tripulante de un caza nocturno estadounidense, fan de la popular tira cómica *Smokey Stover*, tomó prestada una palabra sin sentido utilizada por uno de los personajes de la tira y empezó a llamarlos «foo fighters». Los medios de comunicación estadounidenses y británicos adoptaron el nombre, y así se quedó.

Más tarde, los investigadores descubrieron que los primeros «foo fighters» fueron avistados por tripulaciones británicas sobre los Balcanes a partir de abril de 1942, pero el fenómeno no se hizo habitual hasta noviembre de 1944. Testigos de la guerra del Pacífico también informaron de la presencia de objetos luminosos en el cielo, pero estos solían permanecer inmóviles durante largos periodos de tiempo, en lugar de realizar las acrobacias aéreas que hicieron famosos a los «foo fighters». Después de la guerra, se supo que los pilotos de la Luftwaffe también los habían visto y estaban tan desconcertados como sus homólogos aliados. Aunque se ha afirmado que podrían haber sido un arma experimental secreta alemana, aún no se ha hecho pública ninguna prueba de ello. Así pues, se desconoce la verdadera causa de los «foo fighters».

VÉASE TAMBIÉN: Escudos y luces en los cielos (216 a. e. c.), Batalla en los cielos (1561)

BOLA DE LUZ MISTERIOSA. Esta foto muestra lo que se creía que era un «foo fighter» en mayo de 1945, cerca de Karnten, Alemania.

EL MISTERIO DE SHAVER

En los profundos recovecos de la mente moderna se gestaban cosas extrañas cuando la Segunda Guerra Mundial llegaba a su fin. Algunas de ellas salieron a la luz en 1944, cuando Raymond Palmer, que aún era editor de *Amazing Stories*, leyó una extraña narración que había recibido por correo. El autor era un soldador llamado Richard Shaver que oía voces en su cabeza cuando trabajaba con el equipo para soldar. Las voces le hablaban de una red secreta de túneles subterráneos habitados por enanos malignos llamados «deros» —abreviatura de «detrimental robots», es decir, «robots destructivos»— que empleaban rayos telepáticos para atormentar a los humanos desprevenidos.

Palmer, consciente de que se trataba de una mina de oro para la literatura pulp, reescribió el relato y lo publicó con el título «I Remember Lemuria!» (¡Recuerdo Lemuria!) en el número de marzo de 1945. El éxito fue total. Palmer se puso en contacto con Shaver para pedirle más material y publicó todo lo que este le proporcionó. *Amazing Stories* duplicó su tirada.

Entonces, los lectores comenzaron a enviar cartas sobre las historias de Shaver.

Tampoco las consideraban ficción. Muchos de ellos afirmaban haber tenido sus propios encuentros con los deros, y el «misterio Shaver» cobró vida propia. Durante los dos años y medio siguientes, la mayoría de los temas centrales de los fenómenos ovni —objetos voladores extraños, criaturas enanas obsesionadas con la sexualidad humana, relatos de secuestros, siniestras bases subterráneas, encubrimientos gubernamentales y mucho más— ocuparon un lugar central en los debates sobre el misterio Shaver.

Palmer avivó las llamas con una sucesión constante de historias de Shaver y otras personas, y con una sección de cartas en cada número de la revista repleta de relatos de lectores sobre sus experiencias con los deros. Finalmente, consiguió el permiso de sus jefes de la cadena de revistas pulp Ziff-Davis para dedicar un número completo al tema. Esa edición estaba en los quioscos de todo el país el día en que Kenneth Arnold se subió a su avión y puso los ovnis en el punto de mira.

VÉASE TAMBIÉN: La invención de los platillos voladores (1938), El fenómeno profetizado (1946), El avistamiento de Arnold (1947)

¿CIENCIA O FICCIÓN? ¿Eran ciertas las historias sobre robots que vivían bajo la superficie de la Tierra, o eran simplemente producto de la imaginación de Robert Shaver?

EL FENÓMENO PROFETIZADO

Al finalizar la Segunda Guerra Mundial, la idea de que existía vida en otros planetas se había extendido por todas las naciones industrializadas. Esto se debía en parte al papel de la ciencia ficción en la cultura popular y en parte al rápido progreso de la ciencia misma. En un mundo aún convulsionado por las explosiones nucleares de Hiroshima y Nagasaki, era difícil descartar de entrada la idea de que los seres humanos pronto atravesarían el espacio exterior para llegar a otros planetas, de manera que la sensación de que seres de otros mundos pudieran visitarnos se volvió igualmente plausible.

Sin embargo, había otras razones más extrañas por las que el concepto de la comunicación con otros mundos estaba en la mente de muchas personas en aquella época. En 1946 y principios de 1947, varios ocultistas estadounidenses influyentes comenzaron a anunciar que pronto se produciría una visita desde el espacio. Uno de ellos era Meade Layne. Iniciado en la Orden Hermética de la Aurora Dorada, la sociedad ocultista más influyente de la época, Layne era una figura importante en el mundo del ocultismo californiano. Fundó la Borderland Sciences Research Association (BSRA), una red de investigadores disidentes interesados en la magia y la ciencia alternativa, que todavía existe en la actualidad.

Uno de los asociados de Layne era un médium llamado Mark Probert. En 1946, el Círculo Interior, el grupo de espíritus que hablaba a través de Probert, informó a Layne y a otros que pronto se verían extrañas naves en la atmósfera terrestre. En otros lugares surgieron predicciones similares, que encontraron un público ávido por escucharlas. Como respuesta, la gente comenzó a observar el cielo, esperando alguna señal que indicara la llegada de visitantes de otro mundo. La predicción de Probert se cumplió al año siguiente, cuando el avistamiento trascendental de Kenneth Arnold marcó el comienzo de la era moderna de los ovnis.

VÉASE TAMBIÉN: La invención de los platillos voladores (1938), El misterio de Shaver (1945), El avistamiento de Arnold (1947)

SOSPECHAS EN LA ERA ESPACIAL. En una época de rápida expansión tecnológica, como lo demuestra este cohete V-2, no resultaba difícil imaginar que naves extraterrestres pudieran entrar en contacto con la Tierra.

LOS COHETES FANTASMA

menos de un año de haber terminado la Segunda Guerra Mundial, y
con la Unión Soviética y los aliados
occidentales enfrentados sobre los restos aún
humeantes de Alemania, observadores en
Suecia y Finlandia comenzaron a ver objetos
extraños sobrevolando sus países: naves con
forma cilíndrica o de misiles que se desplazaban a gran velocidad. En aquella época, la
prensa hablaba mucho de los dos misiles de
largo alcance que Alemania había utilizado
durante la guerra, el misil de crucero V-1
y el misil balístico V-2, por lo que estos
objetos voladores no identificados pronto
recibieron el nombre de «cohetes fantasma»,
Spökraketer en sueco.

Entre el 26 de febrero, cuando se avistaron por primera vez, y finales de año, se
registraron más de dos mil avistamientos
de cohetes fantasma por parte de testigos
suecos y finlandeses; los días de mayor
actividad fueron el 9 y el 11 de agosto.
También se detectaron doscientos cohetes
fantasma por radar y se fotografiaron varios,
aunque las fotos solo mostraban estelas a
gran altitud. Cuando uno de los cohetes

fantasma se estrelló y se hundió en el lago
Kölmjärv, en Suecia, el 19 de julio de 1946,
el ejército sueco envió buzos al lago. Estos
advirtieron que el fondo de la laguna parecía
alterado, pero la nave, fuera lo que fuera, no
había dejado rastro alguno.

Al principio, los medios de comunicación
y los funcionarios del Gobierno especularon
sobre que los científicos soviéticos se habían
apoderado de la base V-2 en Peenemünde,
en el sector soviético de Alemania, y estaban
realizando pruebas con cohetes en la zona.
Al no encajar esta explicación con los hechos
observados, los cohetes fantasma pasaron
a definirse como meteoros. No fue hasta
principios del siglo XXI cuando documentos
desclasificados revelaron que algunos de
los cohetes fantasma habían sido vuelos de
aviones altamente clasificados que espiaban
a la Unión Soviética, aunque no es seguro
que todos los avistamientos de 1946 puedan
atribuirse a esta causa.

VÉASE TAMBIÉN: Los pilotos fantasma de Escandinavia
(1933)

OVNI SOBRE LAPONIA. Cuando el fotógrafo Erik Reuterswärd capturó este «cohete fantasma», creyó que se trataba de un meteoro, pero cuando el ejército sueco publicó la imagen, la dejó abierta a interpretación.

EL AVISTAMIENTO DE ARNOLD

La tarde del 24 de junio de 1947, al subir a su avioneta en Shelton, en el estado de Washington, Kenneth Arnold no sospechaba que estaba a punto de marcar para siempre el imaginario colectivo con el avistamiento de unos enigmáticos objetos en el cielo. Su intención era volar de Shelton a Pendleton, Oregón, y participar en la búsqueda de un avión siniestrado cerca del monte Rainier durante el trayecto. Sin embargo, unos tres minutos después de alcanzar la altitud de crucero, divisó nueve objetos desconocidos en el aire, al norte, que se movían a una velocidad que ninguna aeronave terrestre podía igualar en aquella época. Arnold, un observador experimentado, nunca había visto nada parecido: formas de media luna de metal pulido. Volaban cerca de las cimas de las montañas, pegados al terreno y balanceándose de un lado a otro.

Cuando aterrizó en Yakima, Washington, para repostar una hora y media más tarde, comentó lo que había visto a otros pilotos. La noticia se difundió tan rápidamente, que cuando llegó a Pendleton aquella misma tarde le esperaba una pequeña multitud. Al intentar explicar su avistamiento a los periodistas, dijo que las misteriosas naves volaban «como un platillo cuando se lanza sobre el agua». Un editor de un periódico local reinterpretó rápidamente aquella descripción y la convirtió en la célebre expresión «platillo volador».

Durante los días siguientes, a medida que la noticia del avistamiento de Arnold se difundía por los medios de comunicación nacionales, gente de todo Estados Unidos comenzó a observar el cielo. Muchos de ellos vieron, y algunos fotografiaron, puntos plateados a gran altitud que se desplazaban de oeste a este. Estos avistamientos generalizados otorgaron a los platillos una presencia duradera en la cultura popular, muy superior a la que jamás alcanzaron las «aeronaves fantasma», los «foo fighters» o los «deros». Aquellos misterios del pasado se desvanecieron de la cultura popular tan pronto como dejaron de manifestarse, pero los platillos voladores lograron consolidarse, primero en el imaginario estadounidense y más tarde en el del resto del mundo.

VÉASE TAMBIÉN: El fenómeno profetizado (1946), El accidente de Roswell (1947)

ORIGEN DEL TÉRMINO «PLATILLO VOLADOR». Kenneth Arnold junto al avión en el que volaba cuando vio algo extraño el 24 de junio de 1947.

EL ACCIDENTE DE ROSWELL

1947

Rancher W. W. «Mac» Brazel no sabía qué pensar de los restos que encontró esparcidos por su terreno en junio de 1947. El 5 de julio, se dirigió a la ciudad más cercana, Roswell, Nuevo México, y allí oyó hablar por primera vez de los platillos voladores que habían avistado Kenneth Arnold y otras personas. Eso lo llevó de vuelta a su propiedad, donde recogió algunos de los restos y los llevó a la oficina del *sheriff*. Este llamó al aeródromo militar de Roswell, que envió a dos oficiales a investigar. Recogieron los restos y regresaron a la base, donde el oficial de protocolo Walter Haut anunció a los medios de comunicación que el ejército había recuperado los restos de un platillo volador.

Al día siguiente, el ejército se retractó e insistió en que los restos eran simplemente los restos de un globo meteorológico. Los medios de comunicación dejaron de lado la noticia. Durante los años siguientes, los investigadores de ovnis siguieron indagando y comenzaron a difundirse rumores de que entre los restos del accidente de Roswell se encontraban los cadáveres de seres extraterrestres muertos en el accidente. A mediados de la década de 1960, algunos investigadores de ovnis afirmaban que el Gobierno de los Estados Unidos conservaba unos cuerpos alienígenas (rescatados de un platillo volador que se había estrellado) en una cámara frigorífica de la base aérea Wright-Patterson, en Ohio. A partir de 1978, algunas personas que habían tenido o afirmaban haber tenido contacto con el accidente de Roswell hicieron público que los restos eran de origen extraterrestre.

En 1994, Roswell se había convertido en uno de los incidentes sobre ovnis más famosos del mundo, envuelto en una niebla densa de relatos y teorías contradictorias. Ese año, las Fuerzas Aéreas de los Estados Unidos afirmó que lo que se estrelló en Roswell era el equipo (transportado en globos) del Proyecto Mogul, un programa ultrasecreto que espiaba los ensayos nucleares rusos. La credibilidad del Gobierno norteamericano había caído tan bajo que pocos creyeron en la nueva versión oficial.

VÉASE TAMBIÉN: El accidente de Aurora (1897), El acontecimiento de Tunguska (1908), El accidente de Kecksburg (1965), El accidente en Shag Harbour (1967), Aterrizaje en el bosque de Rendlesham (1980), El accidente de Megaplatanos (1990), Encuentros cercanos en Varginha (1996)

BIENVENIDOS AL PAÍS DE LOS OVNIS. Este cartel, colocado en 2017, da la bienvenida a los visitantes a Roswell, Nuevo México.

EL INCIDENTE MANTELL

1948

Los teléfonos comenzaron a sonar en Fort Knox, Kentucky, poco después del mediodía del 7 de enero de 1948. Los habitantes de las localidades cercanas de Madisonville, Owensboro e Irvington informaron haber visto un objeto circular blanco en el aire, de entre 75 y 90 metros de diámetro. A la 13:45, los oficiales de guardia en la torre de control del aeropuerto de Fort Knox avistaron el objeto. Testigos de otras dos bases militares de la región también lo vieron a lo lejos y lo describieron como un objeto con forma cónica y con la parte superior redondeada.

Cuatro aviones de combate Mustang de la Guardia Nacional Aérea de Kentucky que ya se encontraban en el aire recibieron la orden de la torre de Fort Knox de investigar el objeto. A medida que los aviones se acercaban, el objeto comenzó a ascender rápidamente. Cuando superó prácticamente los 7000 metros de altura, el resto de aviones dieron media vuelta, pero uno de ellos, pilotado por el capitán Thomas F. Mantell, continuó con la persecución.

Mantell, un piloto veterano que había sido condecorado con la Cruz de Vuelo Distinguido y la Medalla Aérea durante la Segunda Guerra Mundial, se comunicó por radio con la torre de control y dijo que el objeto que perseguía parecía ser metálico y de un tamaño enorme. Poco después, la torre de control perdió contacto con Mantell. Ese mismo día, se encontró su cuerpo entre los restos de su avión.

Los investigadores de las Fuerzas Aéreas insistieron inmediatamente en que Mantell y los demás habían estado persiguiendo el planeta Venus y que Mantell había volado demasiado alto y se había desmayado por falta de oxígeno. Sin embargo, Venus es prácticamente imposible de ver a plena luz del día y, además, ese día habría quedado oculto por una espesa capa de neblina. Más tarde, varios investigadores sugirieron que Mantell podría haber estado persiguiendo uno de los globos experimentales de gran altitud de la marina, que eran de alto secreto en 1948. Nadie ha podido documentar aún ninguna prueba específica en esa zona, pero muchos de los experimentos con globos en cuestión siguen siendo clasificados hasta el día de hoy.

VÉASE TAMBIÉN: La desaparición de Valentich (1978)

TRAS LA PISTA DE LO INEXPLICABLE. Esta ilustración representa al capitán Thomas Mantell persiguiendo un objeto metálico no identificado en 1948.

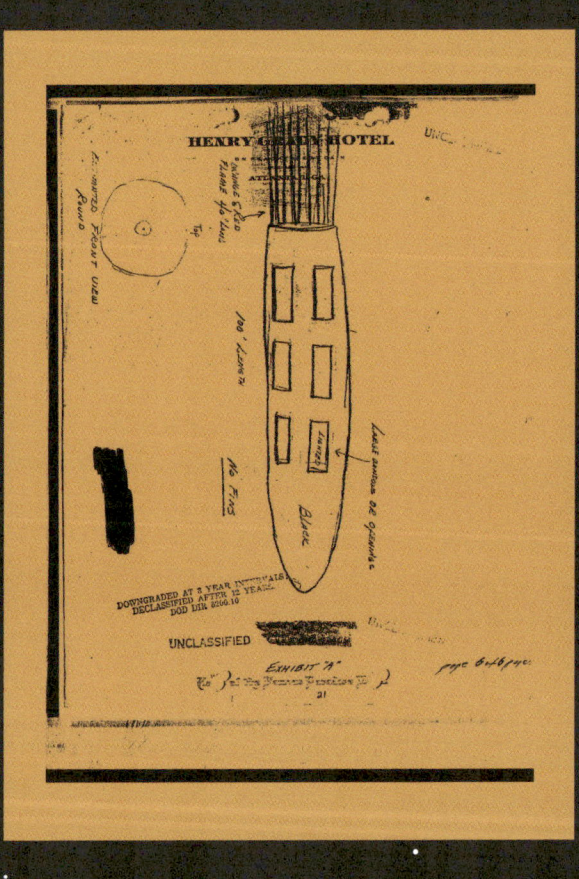

EL AVISTAMIENTO DE CHILES-WHITTED

En las primeras horas del 24 de julio de 1948, un DC-3 de Eastern Air Lines con el piloto Clarence Chiles y el copiloto John Whitted en la cabina volaban hacia Atlanta, Georgia. Era una noche clara, y la luna brillaba a través de nubes altas y dispersas. Aproximadamente a las 2:45 de la madrugada, Chiles observó un tenue resplandor rojo por encima y delante del avión y vio un objeto desconocido emergiendo del resplandor. Avisó a Whitted de la presencia del objeto y ambos lo observaron durante entre diez y quince segundos mientras pasaba a toda velocidad junto al DC-3 para luego ascender rápidamente hasta desaparecer de su vista.

Según Chiles y Whitted, el objeto tenía forma cilíndrica, medía aproximadamente 30 metros de largo y entre 6 y 9 metros de ancho. Tenía dos filas de ventanas en el lado orientado hacia ellos, que brillaban con una luz intensa. Del extremo posterior salían llamas. Ambos pensaron que se trataba de un avión militar experimental; como dijo Chiles en sus propias palabras, «un nuevo avión del ejército». La mayoría de los pasajeros del vuelo dormían, pero uno de ellos, C. L. McKelvie, informó de que había visto un destello brillante pasar por su ventana. Mientras tanto, en la base aérea de Robins, cerca de Macon, Georgia, el jefe de tripulación de guardia vio una luz muy brillante que pasaba a gran velocidad por encima de ellos.

El avistamiento de Chiles y Whitted recibió mucha atención por parte de los medios de comunicación. El Proyecto Sign de las Fuerzas Aéreas, después de investigarlo, decidió presentar un informe al jefe del Estado Mayor de las Fuerzas Aéreas, Hoyt Vandenberg, en el que se sugería que los objetos avistados por Arnold, Mantell, Chiles y Whitted eran extraterrestres. Mientras tanto, de cara al público, las autoridades insistían en que lo que Chiles y Whitted habían visto había sido un meteoro. Esta explicación, rechazada por buena parte de la ciudadanía, alimentó la convicción de que las Fuerzas Aéreas de los Estados Unidos sabían más sobre los ovnis de lo que estaba dispuesta a admitir, y que ocultaba deliberadamente la verdad.

VÉASE TAMBIÉN: El avistamiento de Nash-Fortenberry (1952), Avistamiento desde el vuelo 1628 (1986), Avistamiento en Alderney (2007)

INFORME DEL AVISTAMIENTO. Chiles plasmó en este dibujo su interpretación de la nave.

LA GRABACIÓN DE MARIANA

Durante el siglo XX, el béisbol de ligas menores no era en absoluto un pasatiempo menor para los pequeños pueblos de Estados Unidos, sino una verdadera obsesión colectiva. Estos equipos formaban a futuras estrellas de las grandes ligas y entretenían al público local. Por eso, Nick Mariana, director general de los Great Falls Selectrics, y su secretaria, Virginia Rauning, se encontraban inspeccionando el campo del Legion Stadium de Great Falls, Montana, la mañana del 15 de agosto de 1950.

De repente, un destello brillante en el cielo llamó su atención. Al levantar la vista, vieron dos objetos brillantes con forma de disco, de unos 15 metros de ancho y separados entre sí por unos 45 metros, que cruzaban el cielo a gran velocidad. Mariana llevaba una cámara de 16 mm en su coche. Corrió hacia el vehículo, sacó la cámara y grabó dieciséis segundos de película en color antes de que los objetos desaparecieran de su vista. Mariana reveló la película rápidamente y la mostró varias veces a grupos de la comunidad local.

Fue entonces cuando intervinieron las Fuerzas Aéreas estadounidenses. El capitán John Brynildsen acudió a entrevistar a Mariana y Rauning, intentó convencerlos de que lo que habían visto era el reflejo de dos aviones de combate y dispuso que la película se enviara a la base aérea de Wright-Patterson para que la analizaran. En una entrevista con un periodista en Great Falls, Brynildsen dijo que había recibido dos metros y medio de película de Mariana, pero en su informe a sus superiores en Wright-Patterson, ya desclasificado, afirmaba que había recibido cuatro metros y medio.

Cuando la película volvió a manos de Mariana unas semanas más tarde, descubrió que los primeros treinta y cinco fotogramas, los que mostraban los platillos con mayor claridad, habían sido eliminados. Las Fuerzas Aéreas lo negaron, pero las personas que habían visto la película antes de que quedara en custodia de las autoridades se pusieron del lado de Mariana. Todo ello contribuyó a difundir la creencia de que las Fuerzas Aéreas estaban ocultando algo.

VÉASE TAMBIÉN: El caso Ummo (1966), Los encuentros de Gulf Breeze (1987), El incidente Tic Tac (2004)

LA MISTERIOSA IMAGEN EN MOVIMIENTO. Una vista aérea de Great Falls, Montana, registra el terreno que Mariana capturó en sus dos metros y medio (¿o eran cuatro y medio?) de película.

EL PROYECTO BLUE BOOK

Incluso antes de que saliera a la luz la noticia sobre la grabación de Mariana, las Fuerzas Aéreas de los Estados Unidos ya arrastraban una reputación polémica entre los entusiastas del fenómeno ovni. La primera investigación de las Fuerzas Aéreas sobre los fenómenos ovni, el Proyecto Sign, se puso en marcha a finales de 1947. A finales del verano de 1948, se publicó un informe inicial que sugería que los platillos voladores eran reales, que no eran de origen soviético ni estadounidense y que podían ser naves extraterrestres. Este informe, titulado «Estimación de la situación», fue rechazado por el jefe del Estado Mayor de las Fuerzas Aéreas, el general Hoyt Vandenberg, que cerró el Proyecto Sign y lo sustituyó por el Proyecto Grudge, cuyo objetivo era desacreditar el fenómeno ovni.

En 1952, esto había generado tanta mala publicidad para las Fuerzas Aéreas que el Proyecto Grudge fue cerrado y sustituido por otro programa, el Proyecto Blue Book, dirigido por el capitán Edward J. Ruppelt. En sus inicios, el Proyecto Blue Book se dedicó a investigar seriamente los avistamientos de ovnis; se preparó un cuestionario estándar para los testigos y se colocó un oficial del Blue Book en todas las bases aéreas del país.

Sin embargo, en 1953, las Fuerzas Aéreas cambiaron de opinión. Ocho de los diez miembros del personal que trabajaban en el proyecto de Ruppelt fueron reasignados y se emitió una nueva directiva (Reglamento 200-2) para que los oficiales de las Fuerzas Aéreas clasificaran todos los casos de ovnis con causas desconocidas y solo comentaran públicamente aquellos que tuvieran una explicación prosaica. En agosto de ese año, Ruppelt fue expulsado del proyecto. En diciembre se emitió el Reglamento Conjunto del Ejército, la Armada y las Fuerzas Aéreas 146, que tipificaba como delito que el personal militar discutiera informes clasificados sobre ovnis con cualquier persona no autorizada. A partir de entonces, el Proyecto Blue Book sirvió como foro para desacreditar los ovnis, ofreciendo explicaciones dudosas que muy poca gente creía. La convicción de que las Fuerzas Aéreas ocultaban algo se extendió con cada año que pasaba.

VÉASE TAMBIÉN: El informe Condon (1969), Audiencias del Gobierno estadounidense sobre los FANI (2023)

¿UNA CONSPIRACIÓN DEL GOBIERNO? Esta fotografía tomada por Shell R. Albert el 16 de julio de 1952 muestra objetos voladores no identificados en formación de «V».

EL AVISTAMIENTO DE NASH-FORTENBERRY

A pesar de toda la publicidad que se dio a los avistamientos de Mantell y Chiles-Whitted, después de la gran oleada de 1947, los avistamientos de ovnis fueron escasos. Sin embargo, en 1952, los platillos voladores volvieron por todo lo alto. Entre principios de abril y finales de agosto de ese año, los investigadores de las Fuerzas Aéreas norteamericanas registraron más de mil avistamientos solo en los Estados Unidos. Curiosamente, la nueva oleada comenzó justo después de que las Fuerzas Aéreas reorganizaran su programa de informes sobre ovnis, renombrándolo Proyecto Blue Book, y de que proporcionaran abundante material para un artículo sobre ovnis en *Life*, una de las revistas más populares de la época. El artículo se titulaba «Have We Visitors from Space?» (¿Tenemos visitantes del espacio?) y apoyaba la hipótesis extraterrestre.

De los muchos avistamientos que siguieron, el de Nash-Fortenberry fue uno de los más famosos. En la tarde del 14 de julio de 1952, el piloto William Nash y el copiloto William Fortenberry subieron a la cabina de un avión de pasajeros DC-4 de Pan Am y emprendieron un vuelo rutinario de Nueva York a Miami. No ocurrió nada inusual hasta las 20:12, cuando se encontraban a unos 2,4 km sobre la bahía de Chesapeake, cerca de Norfolk, Virginia. Fue entonces cuando avistaron seis platillos rojos en el aire debajo de ellos, hacia el sureste, a unos seiscientos metros sobre las aguas de la bahía.

Como pilotos experimentados, Nash y Fortenberry estaban familiarizados con todo tipo de aeronaves y con los efectos ópticos de la atmósfera, y ambos afirmaron que nunca habían visto nada igual. Bajo la mirada de ambos, los platillos volaron hacia el noroeste a gran velocidad, pasando por debajo del DC-4, y luego giraron pronunciadamente hacia el oeste. Se les unieron dos platillos más, y los ocho volaron hacia el oeste hasta que Nash y Fortenberry los perdieron de vista. Mientras tanto, varios testigos en el área de Norfolk dijeron haber visto platillos voladores aproximadamente a la misma hora.

VÉASE TAMBIÉN: El avistamiento de Chiles-Whitted (1948), Avistamiento desde el vuelo 1628 (1986), Avistamiento en Alderney (2007)

MÁS DE MIL AVISTAMIENTOS. En el año 1952 proliferaron los informes sobre objetos misteriosos en Norfolk, Virginia.

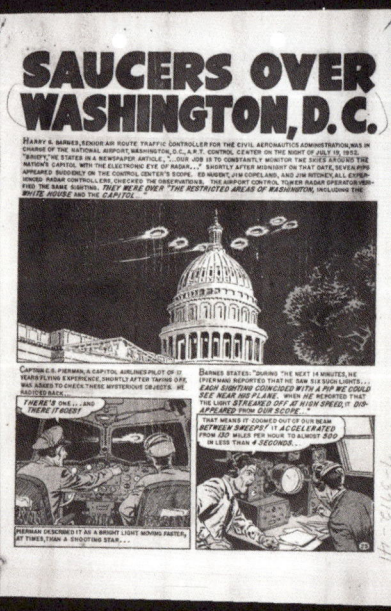

OVNIS SOBRE WASHINGTON, D. C.

El avistamiento más espeluznante de la oleada de ovnis de 1952 comenzó solo cinco días después del avistamiento de Nash-Fortenberry. A las 23:40 del 19 de julio de 1952, en el Aeropuerto Nacional de Washington, en Washington, D. C., el controlador aéreo Edward Nugent llamó a su supervisor, Harry Barnes. Siete objetos desconocidos aparecieron en el radar a unos veinticuatro kilómetros al sur-suroeste del aeropuerto. Barnes consultó con la torre de control del aeropuerto, que también disponía de radar, y descubrió que los dos controladores que estaban de turno también habían avistado objetos desconocidos y una luz brillante que se cernía sobre el aeródromo. A medida que empezaron a llegar más informes, incluidos testimonios de civiles, Barnes se puso en contacto con las Fuerzas Aéreas y se enviaron dos aviones de combate F-94 para investigar. Las luces desaparecieron justo antes de que llegaran los cazas, pero reaparecieron después de que estos se marcharan y se registraron hasta justo antes del amanecer.

Los avistamientos aparecieron en todos los medios de comunicación estadounidenses, pero eso no fue todo. La semana siguiente, en la noche del 26 de julio, las pantallas del radar del Aeropuerto Nacional de Washington y de la Base Aérea Andrews volvieron a detectar múltiples objetos desconocidos. Se enviaron cuatro aviones de combate para interceptarlos. Esta vez, dos de los pilotos avistaron luces brillantes en el aire e intentaron perseguirlas, pero las luces escaparon fácilmente de los aviones de combate. Los objetos desconocidos continuaron con sus maniobras hasta el amanecer y muchos testigos pudieron verlos.

Los avistamientos del 26 y 27 de julio desataron también un furor mediático que las Fuerzas Aéreas norteamericanas no intentaron contener. Tras una breve investigación, insistieron en que las luces observadas eran estrellas y meteoros, y que las señales de radar se debían a una inversión térmica. Fuera de los círculos oficiales, muy pocos encontraron esta explicación convincente.

VÉASE TAMBIÉN: Los avistamientos de Teherán (1976), Incidente en Manises (1979), La noche de los ovnis (1986), El incidente Tic Tac (2004)

¡AHÍ ESTÁ! Este cómic, publicado en 1952, muestra un avistamiento sobre el Capitolio.

EL MONSTRUO DE FLATWOODS

El 12 de septiembre de 1952, Norteamérica ya acumulaba un récord histórico de avistamientos de ovnis en lo que iba del año. Alrededor de las 7:15 de esa noche, en el pequeño pueblo de Flatwoods, Virginia Occidental, tres niños vieron una luz brillante cruzar el cielo y descender hacia un bosque propiedad de un vecino. Los niños corrieron a casa y relataron lo que habían visto. Poco después, los niños, acompañados por dos adultos y otros dos menores del pueblo, se dirigieron a la propiedad del vecino para investigar lo sucedido.

Se adentraron en el bosque y llegaron a la cima de una colina. Allí vieron una luz roja parpadeante a poca distancia. Uno de los adultos, Eugene Lemon, tenía una linterna y apuntó con ella hacia la luz, iluminando una figura vagamente humanoide de tres metros de altura con ojos brillantes. Tenía unas manos con forma de garras y su cuerpo parecía estar envuelto con un paño negro o verde oscuro. Los testigos discreparon sobre su cabeza: uno dijo que tenía forma de as de picas, mientras que otro creía que la cara de la criatura estaba enmarcada por una capucha puntiaguda.

La criatura emitió un silbido y se dirigió hacia los testigos. Lemon gritó y dejó caer la linterna, y todo el grupo se dio la vuelta y echó a correr. No volvieron a encontrarse con el monstruo ni con nada extraño esa noche.

El «monstruo de Flatwoods», como pronto se bautizó a la criatura, fue noticia en toda la región. Los escépticos insistieron en que tenía que ser un búho real; sin embargo, no pudieron explicar cómo era posible que los habitantes rurales de Virginia Occidental hubieran confundido una especie de búho tan familiar con un monstruo de tres metros de altura. En aquella época, pocas personas recordaban que durante siglos se había hablado del avistamiento de críptidos humanoides con ojos brillantes en toda la mitad oriental de Norteamérica, por lo que el avistamiento del monstruo de Flatwoods contribuyó a alimentar el floreciente fenómeno ovni de la década de 1950.

VÉASE TAMBIÉN: ¡Mothman! (1966) El auge de la alta extrañeza (1969), Encuentro cercano en el páramo de Ilkley (1987)

UN CUENTO ESPELUZNANTE. Un ilustrador creó esta representación del monstruo de Flatwoods basándose en el relato de la madre de los dos niños que lo vieron.

COMIENZA LA ERA
DE LOS CONTACTADOS

Nacido en Polonia, pero criado en Estados Unidos, George Adamski desempeñó numerosos oficios y llevó una vida itinerante antes de establecerse como profesor de ocultismo en Los Ángeles. Su organización ofrecía clases sobre reencarnación y pensamiento positivo, presentaba un programa de radio e instruía a un círculo de estudiantes. Algunos de ellos le acompañaban el 13 de diciembre de 1952, cuando, siguiendo una intuición psíquica, partió hacia Desert Center, California, con la esperanza de contactar con un platillo volador.

Según su propio relato, corroborado por sus alumnos, tuvo éxito en su búsqueda. Después de dejar el coche y adentrarse solo en el desierto, Adamski vio aterrizar un platillo volador y se encontró con su ocupante. El piloto del platillo parecía completamente humano y tenía el pelo largo y rubio. Se comunicó con Adamski mediante telepatía, se presentó como Orthon, afirmó ser de Venus y le transmitió una advertencia sobre los peligros de las armas nucleares. Este fue solo el primero de muchos encuentros con el mismo alienígena rubio

y muchos otros, que fueron narrados en tres libros superventas. Adamski no fue la primera persona en afirmar haber contactado con ocupantes de ovnis —su amigo y compañero ocultista George Van Tassel se le adelantó con el libro de 1952 *I Rode a Flying Saucer* (Monté en un platillo volador)—, pero fue el primer contactado en cautivar la imaginación del público y en establecer un modelo que muchos otros seguirían después de él.

Los escépticos acusaron a Adamski de falsificar las fotografías que aseguraba haber tomado de los platillos, mientras que los investigadores científicos del fenómeno ovni procuraban ignorar a los contactados y centrarse en informes de avistamientos más rigurosos. Nada de ello impidió, sin embargo, que Adamski ejerciera una gran influencia sobre la percepción pública del naciente fenómeno ovni.

VÉASE TAMBIÉN: La convención de Giant Rock (1953), El día mundial del contacto (1953), *Cuando las profecías fallan* (1954), Los contactos de Billy Meier (1975), Los suicidios de Heaven's Gate (1997)

FOTÓGRAFO EXTRATERRESTRE. El profesor George Adamski aparece aquí en el Templo de la Filosofía Científica en Laguna Beach, California, en 1938, junto a su telescopio.

LA CONVENCIÓN DE GIANT ROCK

A raíz del éxito del primer libro de Adamski, muchas otras personas llegaron a creer que estaban en contacto con inteligencias interplanetarias detrás de los platillos voladores. El amigo de Adamski, George Van Tassel, también fue una de las primeras figuras del movimiento. Su libro de 1952 *I Rode a Flying Saucer* (Monté en un platillo volador) atrajo cierta atención, pero lo que realmente le dio fama fue su anuncio en 1953 de que recibía comunicaciones psíquicas desde Venus.

Van Tassel había abandonado una exitosa carrera en la industria aeronáutica en 1947 para vivir en unas habitaciones excavadas bajo Giant Rock, un peñón alto como un edificio de siete plantas cerca de Landers, California. Allí dirigía sesiones de meditación para los alumnos de su College of Universal Wisdom (Colegio de Sabiduría Universal) y también era el lugar donde celebraba la Convención Anual de Naves Espaciales de Giant Rock.

Desde 1953 hasta la muerte de Van Tassel en 1978, la convención fue el encuentro más importante de contactados con ovnis, con una asistencia de hasta diez mil personas. Este evento desempeñó un papel central en la evolución de una subcultura de contactados y sentó las bases para el movimiento New Age de finales del siglo XX. También dio impulso al proyecto más duradero de Van Tassel, el Integratron.

Según Van Tassel, sus contactos extraterrestres le transmitieron instrucciones detalladas para construir una estructura que prolongaría la vida humana y abriría el camino a los secretos de la antigravedad y los viajes en el tiempo. Excepto por una carcasa metálica en el exterior, dicha estructura está hecha de materiales no magnéticos (madera, hormigón, vidrio y fibra de vidrio), sin un solo clavo o tornillo metálico. En 1978, cuando solo quedaban los últimos detalles para completar el Integratron, Van Tassel fue a visitar a unos amigos en Santa Ana y, mientras estaba allí, murió repentinamente. El Integratron todavía existe, pero los detalles finales nunca se escribieron y permanece inacabado.

VÉASE TAMBIÉN: Comienza la era de los contactados (1952), El día mundial del contacto (1953), *Cuando las profecías fallan* (1954), Los contactos de Billy Meier (1975), Los suicidios de Heaven's Gate (1997)

COMUNICACIONES PSÍQUICAS DESDE VENUS. Lo que se ve en la imagen es el Integraton, una cámara redonda con una acústica perfecta construida por George Van Tassel para comunicarse con extraterrestres.

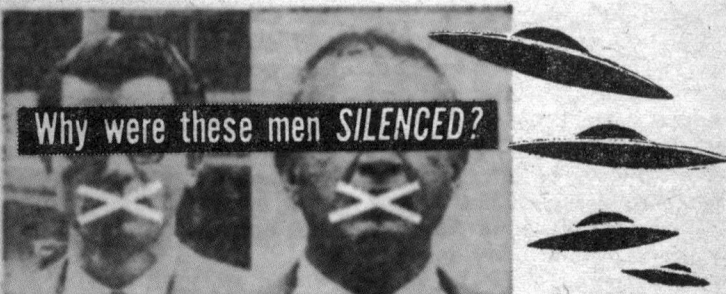

Why were these men SILENCED?

They Knew Too Much About Flying Saucers

One by one, the leading figures among flying saucer researchers, who have challenged the government denial that saucers come from outer space, have been silenced. They are still alive, still living where they used to. But they will no longer talk about flying saucers or reveal why they refuse to do so.

Who were the three men in dark suits that visited them? Were they government agents, or agents of other planets? Whoever they were, they have silenced the researchers.

Now . . . in THEY KNEW TOO MUCH ABOUT FLYING SAU-CERS, you may read the facts behind this frightening story — facts never before published!

Gray Barker, the author, was Chief Investigator for the International Flying Saucer Bureau—an organization which had its principal leader silenced by three men in black before he could reveal to the world his solution of the flying saucer mystery. Other leading investigators have also been intimidated. All their stories are here.

Grey Barker remains one of the un-silenced few. His true, amazing report includes eye-witness accounts of the famed Flatwoods "monster" which landed on a dark West Virginia hillside.

READ
WHAT HAPPENED TO CERTAIN RESEARCHERS WHO FOUND OUT WHERE THE SAUCERS COME FROM!

EL DÍA MUNDIAL DEL CONTACTO

California fue el epicentro de lo que se conoce como «contactados por ovnis» en Norteamérica a principios de la década de 1950, pero por entonces el fenómeno ya despertaba interés en todo el continente. La primera organización dedicada a la investigación de los ovnis, la International Flying Saucer Bureau (IFSB) (Oficina Internacional del Platillo Volador), fue fundada en Bridgeport, Connecticut, en 1952 por el pionero investigador Albert K. Bender. En poco tiempo, la organización contó con más de seiscientos miembros y comenzó a publicar una revista trimestral, *Space Review*.

A finales de 1952, los miembros de la IFSB decidieron que era hora de intentar contactar con los pilotos de esos misteriosos platillos. Como la mayoría de los primeros grupos que se dedicaban al estudio de los ovnis, la IFSB contaba con un gran número de ocultistas entre sus miembros, y el método de contacto que eligieron fue la telepatía masiva. El 15 de marzo de 1953, a las 18:00, los miembros de la IFSB se pusieron a meditar y se concentraron en un mensaje que empezaba así: «¡Llamando a los ocupantes de naves interplanetarias!». La respuesta no fue la que Bender esperaba. Antes incluso de que llegara el Día del Contacto Mundial, Bender afirmó que le seguían unos hombres extraños con ojos brillantes. Según su relato posterior, tres hombres vestidos con trajes negros visitaron la casa de Bender varias veces y le dijeron que debía cerrar la IFSB. En octubre de 1953, Bender envió por correo el último número de *Space Review*, cerró la organización y abandonó cualquier investigación sobre los ovnis.

Sin embargo, el Día Mundial del Contacto tuvo un eco inesperado en la cultura popular. Veinte años más tarde, John Woloschuk, miembro de la banda canadiense de rock progresivo Klaatu, leyó sobre ello y utilizó el mensaje como letra de una canción de 1976, «Calling Occupants of Interplanetary Craft» (Llamando a los ocupantes de naves interplanetarias). Se convirtió en uno de los grandes éxitos del grupo. Una versión publicada un año más tarde por los Carpenters se hizo aún más popular.

VÉASE TAMBIÉN: Comineza la era de los contactados (1952), La convención de Giant Rock (1953), *Cuando las profecías fallan* (1954), Los hombres de negro (1956), Los contactos de Billy Meier (1975), Los suicidios de Heaven's Gate (1997)

LLAMANDO A LOS OCUPANTES DE NAVES INTERPLANETARIAS. Este anuncio del libro *They Knew Too Much About Flying Saucers*, (Sabían demasiado sobre los platillos voladores), de Gray Barker, centrado en el tipo de encubrimiento que desmanteló a la IFSB, es un claro ejemplo de la resonancia cultural que generó el Día Mundial del Contacto.

RaDaR

N° 294—26 SEPTEMBRE 1954
Canada 15 cents ★
6 fr. belges—0fr. 65 suisses

Hebdomadaire
16 PAGES 30 Francs
Maroc (par avion) 40 fr.

VALENCIENNES

RECONSTITUE LA FANTASMAGORIQUE APPARITION "MARTIENNE" QUI SIDÉRA Marius DEWILDE

Grâce à ses dessinateurs et reporters photographes, RADAR s'est attaché à reconstruire avec une extrême minutie l'hallucinante apparition dont fut témoin M. Dewilde (ci-dessous) garde-barrière dans le Nord. Évènement à peine croyable : il aurait vu atterrir, près de sa maison, une soucoupe volante!

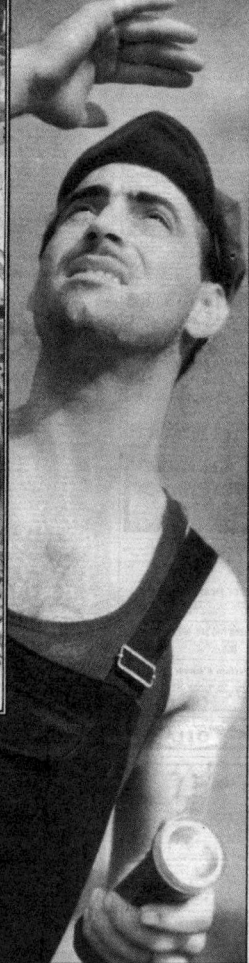

HALLUCINATION ? Vérité ?

Marius Dewilde, ouvrier métallurgiste à Quarouble (Nord), prétend avoir vu une soucoupe volante, posée sur la voie ferrée qui dessert les Houillères nationales, à 6 mètres de sa maison. De petites créatures, vêtues d'une sorte de scaphandre, coiffées de casques en matière translucide, avaient réintégré en courant, le mystérieux engin. Ayant voulu s'en approcher, Marius Dewilde avait été paralysé par un rayon qui, brutalement, avait jailli de l'appareil.

Trois jours plus tôt, deux cultivateurs d'Acheux-en-Amiénois (Somme), Émile Renard et Yves de Gillabos, avaient été les témoins, prétendaient-ils, de l'atterrissage d'une autre soucoupe volante dans un champ, à 200 mètres de la route d'Harponville à Contay. L'appareil oscillait à quelques centimètres du sol.

Enfin, dernière nouvelle (en en attendant d'autres !), Antoine Mazaud, fermier à Mouriéras (Corrèze), se serait trouvé nez à nez avec un passager d'un « navire spatial » qui lui aurait témoigné des sentiments... pacifiques.

De telles nouvelles — sensationnelles, il faut l'avouer — ne vont pas sans susciter l'incrédulité de beaucoup. Mais pour ceux qui, depuis sept ans, se penchent sur le troublant problème des soucoupes volantes, elles ne font que rééditer certains témoignages recueillis par l'Ouranos, un organisme de recherches qui s'est maintenant à sept la somme de « navires de l'espace » ayant atterri sur le territoire français.

Mais la France n'a pas le privilège de ces visites surprenantes.

Le 24 juin 1947, un aviateur américain, Arnold Kenneth, aperçevait au-dessus du mont Rainier (État de Washington) « 9 objets scintillants évoluant à hauteur des pics neigeux ». Ils ressemblaient à des soucoupes surmontées d'une protubérance qui affectait la forme d'une tasse renversée. Chacun d'eux avait « peu près l'envergure d'un quadrimoteur « C 54 ».

À partir de cette date, il ne se passa pas de semaine sans que ces mystérieux engins ne fussent signalés quelque part dans le monde.

L'« U.S. Air-Force », sans prendre tout d'abord position, collecta tous les témoignages et chargea l'A.T.I.C. (Air Technical Intelligence Center) d'ouvrir une enquête. Celle-ci, dénommée « Soucoupe Project », démontra que, sur 270 cas examinés, 60 % pouvaient être expliqués : il s'agissait de ballons-sondes, d'appareils de recherches du rayons cosmiques, de météores, voire d'oiseaux. Mais pour les autres 40 % des cas, le mystère subsistait.

Malgré cette restriction, lorsqu'au mois de décembre 1949, l'enquête « Soucoupe Project » fut close, les conclusions furent que « les soucoupes volantes étaient une plaisanterie ; qu'il s'agissait, en fait : ou bien d'objets connus ; ou bien de mystifications ; ou bien d'hystérie collective ».

Cependant, comme le phénomène continuait à se manifester avec une ampleur croissante, l'« U.S. Air-Force » « recréa » le « Soucoupe Project » discrètement sous l'appellation de « Project Bluebook » ; ou « Commission Grudge » ; ou « Project Sign ».

SUITE PAGES 2-3

EL ENCUENTRO DE MARIUS DEWILDE

Los avistamientos de platillos voladores a finales de la década de los cuarenta y principios de los cincuenta se concentraron en Estados Unidos, pero en 1954 se produjo una oleada de avistamientos en Europa. Uno de los más impactantes fue el de Marius Dewilde, un empleado ferroviario de la localidad francesa de Quarouble. A las 10:30 de la noche del 10 de septiembre de 1954, oyó que su perro comenzaba a ladrar frenéticamente. Como los ladridos no cesaban, Dewilde cogió una linterna y salió a ver qué pasaba.

En las vías del tren, junto a su casa, a unos seis metros de él, había un objeto que no supo identificar. Oyó pasos detrás de él y se volvió: dos pequeñas criaturas humanoides de aproximadamente un metro de altura se acercaban a él. Entonces, un rayo salió disparado desde el objeto y Dewilde se quedó paralizado. Los seres pasaron junto a él, se dirigieron al objeto y treparon por una escotilla. A continuación, el objeto despegó y se alejó volando, cambiando de color mientras se alejaba. Cuando el objeto desapareció, Dewilde volvió a ser capaz de moverse y llamó a la policía.

Durante la investigación llevada a cabo esa noche y al día siguiente se encontraron varios rastros físicos inexplicables. La linterna de Dewilde y su teléfono, un modelo antiguo que funcionaba con pilas, habían dejado de funcionar. La grava bajo las vías del tren, donde había aterrizado el objeto, estaba carbonizada y se había hundido en un área de casi seis metros de diámetro. Dewilde no podía acercarse al lugar donde había estado el objeto sin sentir náuseas repentinas.

Sin embargo, lo más extraño y perturbador se descubrió después. El perro de Dewilde, que gozaba de buena salud, murió repentinamente unos días después del incidente; asimismo, en la zona se hallaron tres vacas muertas, con el cuerpo inexplicablemente desangrado. Esta muestra del fenómeno de mutilación de ganado llenaría los titulares de los periódicos estadounidenses dos décadas más tarde.

VÉASE TAMBIÉN: El misterio de la línea recta (1954), Aterrizaje en Socorro (1964), El misterio del ganado mutilado (1973), Encuentro cercano en la colina Dechmont (1979), Encuentro cercano en Vorónezh (1989)

UNA APARICIÓN FANTASMAGÓRICA. Registrado en la edición del 26 de septiembre de 1954 de *Radar* (con ilustraciones de Rino Ferrari), Marius Dewilde se encuentra con unos visitantes extraños y terribles.

MYSTERIOUS FLYING OBJECT IN FRANCE

PARIS, Thursday. — Military authorities at Metz, eastern France, are investigating an army report of an object "like a flying Christmas tree decoration."

The object was held for three hours in the beam of a searchlight operated by soldiers at the army stand of a fair. The soldiers said that the object, about 50 metres across, remained stationary at an altitude of about 10,000 metres.

Meanwhile, with other reports in France of flying saucers, flying teacups, flying mushrooms and flying bells, came the story of a 15-year-old boy who said he met a "flying cigar" piloted by a man who spoke to him said the man told him "You can look at it, but don't touch."

EL MISTERIO DE LA LÍNEA RECTA

La experiencia de Marius Dewilde formó parte de una extraordinaria oleada de fenómenos ovni que tuvo lugar en Francia. Los avistamientos comenzaron en la madrugada del 23 de agosto de 1954, cuando varios testigos en Vernon observaron en el cielo un enorme objeto luminoso con forma cilíndrica. Uno a uno, cinco platillos brillantes emergieron del objeto y se alejaron volando. Tres semanas más tarde, el 14 de septiembre, un objeto idéntico fue avistado por docenas de testigos en pueblos de la costa atlántica a más de cuatrocientos kilómetros de distancia, y de nuevo liberó platillos.

En las semanas siguientes, aparecieron platillos brillantes en diversas partes del país, así como en Alemania, Austria, Finlandia e Italia. A finales de septiembre, varios investigadores ya habían observado que los platillos seguían aparentemente trayectorias rectas a través del país, y que un avistamiento en un pueblo era seguido, tras un intervalo, por otro avistamiento en otro pueblo situado en la misma trayectoria. Por ejemplo, un objeto avistado sobre Roma a las 16:45 del 17 de septiembre voló en línea recta hacia el noroeste y fue observado por múltiples testigos sobre el centro de Francia, siguiendo la misma ruta lineal.

La ola de avistamientos alcanzó su punto álgido entre el 1 y el 11 de octubre, cuando miles de testigos en toda Francia observaron platillos brillantes, esferas y objetos con forma de óvulo cruzando el cielo; fue una de las oleadas de ovnis más intensas jamás registradas. El furor mediático fue tal que un municipio francés llegó a aprobar una ley que prohibía a los ovnis sobrevolar sus viñedos, aunque nunca se hizo cumplir.

En los días posteriores se produjeron algunos avistamientos más, pero para finales de octubre la oleada había llegado a su fin. Mientras los periódicos franceses optaban por el camino fácil y se burlaban de los testigos, la naciente comunidad de investigadores de ovnis en Francia se volcó en recopilar testimonios y documentar el sorprendente patrón con que tantos objetos desconocidos seguían trayectorias ortocéntricas precisas en el cielo.

VÉASE TAMBIÉN: El encuentro de Marius Dewilde (1954), Aterrizaje en Socorro (1964), Encuentro cercano en la colina Dechmont (1979), Encuentro cercano en Vorónezh (1989)

UNA OLEADA DE AVISTAMIENTOS EN FRANCIA. Un artículo periodístico de octubre de 1954 menciona un ovni con forma de «árbol de Navidad volador» visto sobre Francia.

EL AVISTAMIENTO EN EL ESTADIO ARTEMIO FRANCHI

1954

La tarde del 27 de octubre de 1954, el Estadio Artemio Franchi de Florencia fue escenario de un espectáculo apasionante. Dos grandes clubes italianos, la Fiorentina y la Pistoiese, se enfrentaban ante más de diez mil aficionados. Entonces, algunos detectaron algo en el cielo, justo sobre el estadio. Poco a poco, todos dirigieron la mirada hacia arriba.

Todo el estadio se quedó en silencio y, a continuación, diez mil voces se alzaron con gritos de asombro. En lo alto se divisaba un objeto de color claro, que algunos describieron con forma de huevo y otros con forma cilíndrica, desplazándose lentamente por el cielo. De él salían hilos blancos brillantes que descendían con la misma lentitud hasta el suelo. Los árbitros detuvieron el partido durante diez minutos mientras todos observaban el misterioso objeto que se alejaba lentamente.

Pero no fueron los únicos que vieron cosas extrañas en el cielo aquella tarde. Testigos en el centro de Florencia avistaron veinte esferas brillantes y pequeñas que se movían rápidamente, volando sobre la cúpula de la catedral de Santa Marie del Fiore. Las llamadas telefónicas de pánico a la redacción de *La Nazione* ya habían llevado al personal a subir a la azotea, donde fueron testigos de los objetos desconocidos

Añadiendo aún más misterio al episodio, los hilos blancos y esponjosos que cayeron desde la nave sobre el estadio se evaporaron poco después de tocar el suelo. Aunque los escépticos sostuvieron que se trataba de telas de arañas migratorias, científicos del Instituto de Análisis Químicos de la Universidad de Florencia lograron recolectar una muestra antes de que se desintegrara en el aire. El análisis reveló la presencia de boro, silicio, calcio y magnesio, pero los dos primeros no se encuentran en la seda de araña. La secuencia completa de los hechos ocurridos aquel día sigue sin una explicación convincente.

VÉASE TAMBIÉN: El avistamiento de Robozero (1663), Los avistamientos de la misión Boiani (1959), Encuentro cercano en Vorónezh (1989), Encuentro cercano en la escuela Ariel (1994), Los avistamientos en Tinley Park (2004), Avistamientos en Stephenville (2008)

VISTO POR DIEZ MIL PERSONAS. Todos los presentes en el Estadio Artemi Franchi lo pudieron observar. El partido estuvo detenido más de diez minutos: el espectáculo estaba en el cielo.

CUANDO LAS PROFECÍAS FALLAN

1954

Mientras estos avistamientos tenían lugar en Europa, gran parte de la acción en la escena ovni estadounidense se centraba en la subcultura de los contactados. Cientos de personas afirmaban hablar con inteligencias alienígenas, y muchos miles más les creían y escuchaban sus enseñanzas. Los hubo que produjeron impresionantes cuerpos filosóficos y doctrinales. Y luego estaba Dorothy Martin.

Martin era la médium en trance en el centro de un círculo de creyentes en los ovnis en East Lansing, Michigan. Ella creía que estaba recibiendo mensajes telepáticos de los Guardianes, un grupo de extraterrestres del planeta Clarion, que tenían un mensaje apocalíptico de advertencia para la humanidad. Según Martin, los Guardianes anunciaron que un tremendo terremoto y un maremoto destruirían los Estados Unidos el 21 de diciembre de 1954,y que únicamente sobrevivirían quienes fueran rescatados a bordo de platillos voladores.

Este anuncio llegó a oídos de un equipo de sociólogos de la Universidad de Minnesota dirigido por Leon Festinger, y varios investigadores se infiltraron en el grupo de Martin para observar qué sucedería cuando no se producediera el fin del mundo. El resultado fue uno de los grandes clásicos de la sociología estadounidense, *When Prophecy Fails* (Cuando las profecías fallan), publicado en 1956. Festinger y sus colaboradores utilizaron seudónimos para referirse a Martin y a sus seguidores, pero eso no evitó que el grupo sufriera una profunda humillación.

Después, Martin se fue a Perú, donde participó en un intento fallido de fundar un centro religioso en los Andes. Al regresar a Estados Unidos, adoptó el nombre de Hermana Thedra, se instaló en Mount Shasta, California, y continuó canalizando mensajes de los extraterrestres para un mundo que, en su mayoría, permanecía indiferente. Más tarde, se trasladó a Sedona, Arizona, la meca de la Nueva Era, donde murió en 1992.

VÉASE TAMBIÉN: *El libro de los condenados* (1919), Comienza la era de los contactados (1952), La convención de Giant Rock (1953), El día mundial del contacto (1953), *Recuerdos del futuro* (1968), Los contactos de Billy Meier (1975), *Comunión* (1987), *He aquí un caballo pálido* (1991), Los suicidios de Heaven's Gate (1997)

LA CULTURA DE LOS CONTACTADOS. Una de las obras más importantes de la sociología se escribió tras un estudio que implicó la infiltración en un círculo de creyentes en los ovnis.

ÁREA 51

«Una de las regiones más desoladas de la faz de la tierra». Así describió el teniente George Montague Wheeler la zona que rodea el lago Groom, en el sur de Nevada, que exploró para el ejército estadounidense en 1869 y 1871. La palabra «lago» hace que la zona parezca más hospitalaria de lo que es en realidad: un lecho seco salpicado de artemisa y habitado por seis especies diferentes de serpientes de cascabel. El lago Groom es uno de los rincones más áridos del desierto de Nevada.

Eso fue lo que atrajo a Kelly Johnson, de las instalaciones secretas «Skunk Works» de Lockheed, a la zona. En la primavera de 1955, Johnson eligió el lago Groom como el lugar perfecto para probar el avión espía U-2, el último proyecto secreto de Skunk Works. Se construyeron hangares, una larga pista de aterrizaje y casetas móviles, y los U-2 comenzaron sus primeros vuelos. El acceso al espacio aéreo sobre la base y el paisaje desértico que la rodeaba quedó prohibido a todo el mundo, excepto al personal autorizado. Por motivos de seguridad, la base recibió distintos nombres: para los empleados de Lockheed era «Paradise Ranch» (Rancho Paraíso); los contratistas que la construyeron la llamaban «Watertown Strip» (Pista de Watertown), y los controladores aéreos se referían a ella como «Dreamland» (Tierra de los Sueños). En los mapas del Gobierno apareció como «Área 51».

El U-2 fue solo el primero de muchos aviones secretos que encontraron su base en Groom Lake. El SR-71 Blackbird y una flotilla de prototipos de aeronaves furtivas alzaron el vuelo por primera vez en Groom Lake. Según informes bien documentados, al menos dos aviones que oficialmente no existen —el SR-91 Aurora y el TR-3 Black Manta— también habrían volado allí. A medida que crecía el interés por los ovnis en la sociedad estadounidense, comenzaron a circular rumores sobre avistamientos de naves de origen no humano en el espacio aéreo de la zona. Décadas después de la desclasificación del U-2, estos rumores se convertirían en el centro de inquietantes teorías sobre la posible implicación del Gobierno norteamericano en el fenómeno ovni.

VÉASE TAMBIÉN: El caso Paul Bennewitz (1982), Los documentos del Majestic-12 (1984), John Lear y la conspiración acerca de los ovnis (1987), Las revelaciones de Bob Lazar (1989), Los documentos del planeta Serpo (2005)

ENTRADA A UNA INSTALACIÓN SECRETA. Esta puerta situada frente a la legendaria Área 51, en el campo de pruebas de las Fuerzas Aéreas de Estados Unidos en el condado de Lincoln, Nevada, advierte a los posibles visitantes de que no entren.

NATIONAL INVESTIGATIONS COMMITTEE

ON AERIAL PHENOMENA

WASHINGTON 6, D. C.

TELEPHONE: NOrth 7-9434

CABLE ADDRESS:
SKYLIGHT

ADMINISTRATIVE OFFICES:
1536 CONNECTICUT AVE., N.W.

April 3, 1957

Dear friend:

Your interest in our investigation of Unidentified Flying Objects (flying saucers) is greatly appreciated. Since 1950 the Air Force has kept thousands of authentic UFO reports from the public. While we believe we know their reasons, we are convinced that Americans have a right to the truth. To that end, NICAP has set up a nationwide network—soon to be worldwide—for reporting UFO sightings and hidden developments.

All this information — uncensored — will be revealed to NICAP members in a monthly magazine and in confidential bulletins. The magazine will include dramatic, authentic sightings by veteran pilots and other competent witnesses; behind-the-scene stories of the Air Force secret investigation; proof of the censorship which has muzzled hundreds of pilots; the pro's and con's of the question, "Is there life on Mars?"; and special articles on the UFO problem and our own space-travel plans.

In addition, NICAP will hold public hearings on claims of contacts with spacemen—to expose hoaxes and also to ferret out the facts. All this will be covered in the monthly magazine, with many other features, such as— a serialized history of UFO's with new sidelights on famous sightings; frank answers to readers' questions; and a monthly department in which I shall reveal some "inside stories" I have learned in the last two years.

As an Associate Member of NICAP—for an annual fee of $7.50—you will receive the monthly magazine and the special bulletins. You will also be priviledged to join a NiCAP club in your area and become part of our large reporting network. Most important of all, you will be playing a vital role—not only in aiding to end the censorship—but in helping to find all the answers to the UFO mystery.

To become a NICAP member, merely forward your $7.50 membership fee to

NICAP
1536 Connecticut Avenue
Washington 6, D. C.

We hope you will join us in this factual yet fascinating work.

Sincerely yours,

Donald E. Keyhoe

Donald E. Keyhoe, Major USMC (Ret.)
Director of NICAP

DEK:RHC

A privately-supported fact-finding body serving the national public interest.

EL NICAP INVESTIGA EL FENÓMENO

En 1956, los intentos de las Fuerzas Aéreas por desacreditar los avistamientos de ovnis se habían vuelto tan evidentes y torpes que, incluso dentro del propio ejército y de la comunidad de inteligencia de Estados Unidos, muchos estaban convencidos de que se intentaba encubrir algo verdaderamente extraño. Cuando el Proyecto Blue Book dejó de investigar los avistamientos de ovnis, muchas personas pensaron en fundar una organización civil de investigación para hacer lo mismo. Dos de estas organizaciones —la efímera International Flying Saucer Bureau o IFSB (Oficina de Platillos Voladores), fundada por Alfred K. Bender, y la más duradera Aerial Phenomena Research Organization o APRO (Organización para la Investigación de Fenómenos Aéreos), creada por Coral Lorenzen— fueron pioneras en esta vía. Sin embargo, el grupo más influyente de este tipo fue el National Investigations Committee on Aerial Phenomena o NICAP (Comité Nacional de Investigación de Fenómenos Aéreos), fundado el 24 de octubre de 1956 por un grupo de científicos civiles y altos mandos militares retirados.

Bajo la dirección del mayor Donald Keyhoe, quien asumió el cargo en 1957, el NICAP adoptó una estrategia dual. Por un lado, se dedicó a reclutar colaboradores en todo el país para llevar a cabo investigaciones exhaustivas sobre los avistamientos de ovnis. Por otro, presionó al Congreso para que celebrara audiencias públicas sobre las pruebas de la existencia de los ovnis. En su apogeo, a principios de la década de 1960, el NICAP contaba con más de catorce mil miembros y publicó una de las obras clásicas sobre ovnis, *The UFO Evidence* (Las pruebas de los ovnis), que resumía cientos de avistamientos inexplicables.

Sin embargo, a raíz del Informe Condon de 1968, la junta directiva obligó a Keyhoe a dimitir; posteriormente se descubrió que varios miembros de la junta tenían estrechos vínculos con la CIA. La nueva dirección cerró los grupos afiliados locales y estatales y suspendió todas las investigaciones sobre avistamientos de ovnis. La organización terminó disolviéndose en 1980.

VÉASE TAMBIÉN: El primer avistamiento de Coral Lorenzen (1934)

UN INFORME SOBRE AVISTAMIENTOS INEXPLICABLES. Hubo un momento en que el NICAP contaba con más de catorce mil miembros.

They Knew Too Much About Flying Saucers

GRAY BARKER

THE TRUE STORY OF WHAT HAPPENED TO CERTAIN RESEARCHERS AND
INVESTIGATORS WHO FOUND OUT WHERE THE SAUCERS COME FROM

LOS HOMBRES DE NEGRO

Gray Barker, veterano escritor especializado en ovnis, destacaba como una figura atípica en un campo polarizado entre creyentes entusiastas y escépticos carentes de sentido del humor. Aunque dudaba de la veracidad de la mayoría de las historias paranormales, le fascinaban y no dudaba en añadir detalles escalofriantes para hacer que la narrativa fuera más impactante o, incluso, en involucrarse en bulos descarados. Nacido en Virginia Occidental, oyó hablar del monstruo de Flatwoods cuando todavía era una noticia local y se convirtió en colaborador habitual de la revista *Space Review* de Albert K. Bender, antes de que este la cerrara de forma repentina.

La historia de Bender sobre tres hombres vestidos de negro que le ordenaron que dejara de investigar los platillos voladores despertó la curiosidad de Barker, que conocía otras historias en las que figuras aparentemente oficiales aparecían para advertir a los testigos que no hablaran de los ovnis. En 1956, utilizó estas historias como base para un libro animado y espeluznante, *They Knew Too Much About Flying Saucers* (Sabían demasiado sobre los platillos voladores), que introdujo la idea de los «hombres de negro»

en el imaginario colectivo de la comunidad investigadora de los ovnis.

Según Barker, los hombres de negro viajaban en grupos de tres, vestían trajes negros y conducían grandes coches negros, normalmente Cadillacs. Aparecían sin previo aviso e intentaban intimidar tanto a los testigos como a los investigadores para que guardaran silencio sobre las actividades relacionadas con los ovnis. Un libro posterior, coescrito por Barker y Albert K. Bender, *Flying Saucers and the Three Men*, (Los platillos voladores y los tres hombres), aseguraba que existía una razón convincente para ello: los hombres de negro no eran más que extraterrestres disfrazados.

Al parecer, todo esto era una broma para Barker, pero adquirió un tono inesperadamente serio en los años siguientes, cuando testigos de ovnis se encontraron con hombres de negro idénticos a los del libro de Barker. Es una incógnita si las Fuerzas Aéreas estadounidenses u otra agencia gubernamental decidieron seguirle el juego a Barker por razones propias, o si estaba ocurriendo algo aún más extraño.

VÉASE TAMBIÉN: El día mundial del contacto (1953), ¡Mothman! (1966), El auge de la alta extrañeza (1969)

¡SABÍAN DEMASIADO! El texto clásico de Gray Barker avivó las sospechas sobre los agentes gubernamentales encargados de intimidar a aquellos que informaban sobre avistamientos.

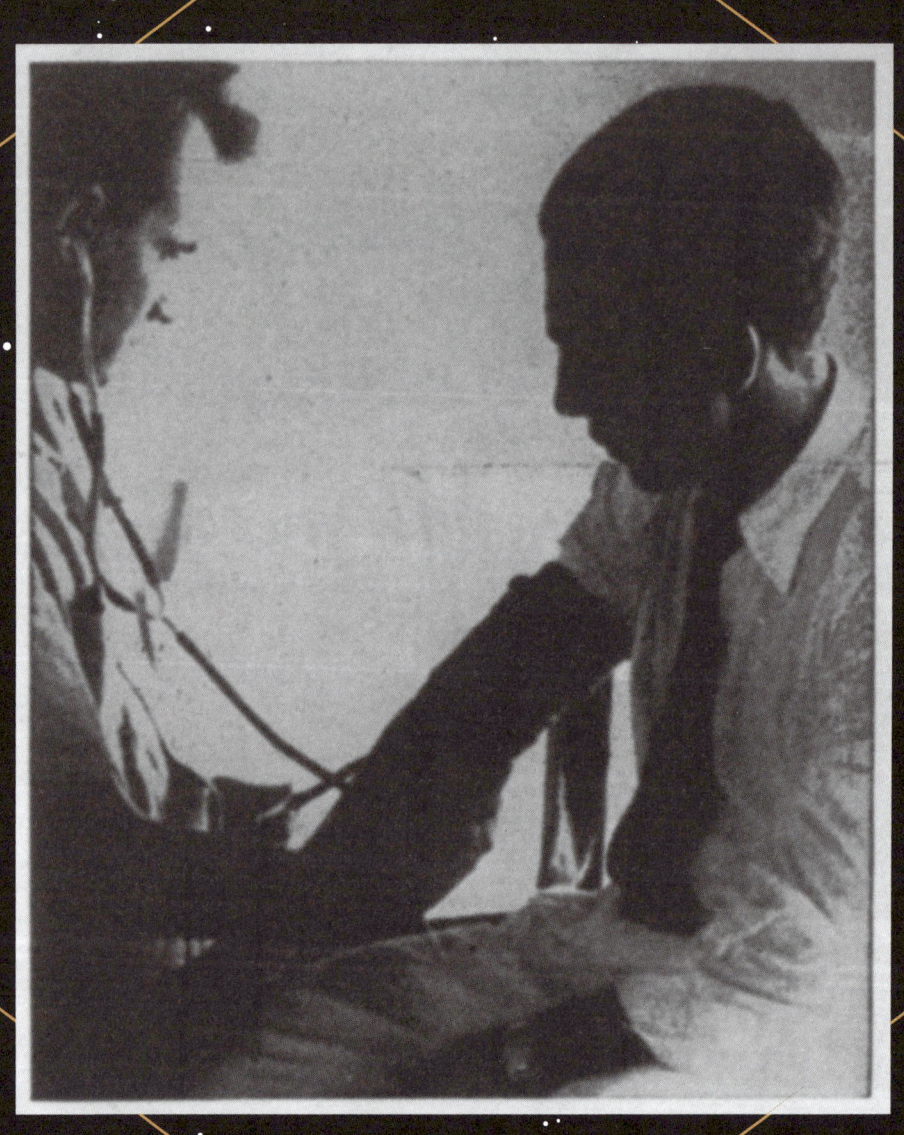

LA ABDUCCIÓN DE VILAS-BOAS

Antônio Vilas-Boas era un granjero brasileño que vivía cerca de São Francisco de Sales, en el estado de Minas Gerais, Brasil. Como la mayoría de los granjeros de esa región, trabajaba por la noche para evitar el calor del día. Por eso estaba arando en la noche del 15 de octubre de 1957, cuando vio una luz roja en lo alto del cielo. La luz descendió y, al cabo de unos minutos, vio que se trataba de una nave con forma de huevo, que desplegó tres patas de aterrizaje y se posó en el suelo. Vilas-Boas, presa del pánico, intentó huir en su tractor, pero el motor y las luces se apagaron.

Intentó huir a pie, pero cuatro seres humanoides de metro y medio de altura, vestidos con monos grises y cascos, que hablaban con ladridos o gritos, lo agarraron y lo tiraron al suelo. Lo arrastraron al interior de la nave, lo desnudaron, le untaron la piel con un gel, le tomaron una muestra de sangre y lo expusieron a un gas que lo hizo enfermar. Entonces, entró en la sala otro de los seres: una mujer, completamente desnuda, que lo sedujo. Cuando terminaron, ella le sonrió, se frotó el vientre y señaló al cielo.

A continuación, le devolvieron la ropa, le mostraron la nave y lo llevaron de vuelta al tractor, donde se quedó mirando cómo despegaba el aparato ovalado y desaparecía en el cielo nocturno. Durante los días que siguieron a este hecho, el hombre sufrió náuseas y se encontró muy debilitado. Cuando su historia llegó a oídos de los investigadores de ovnis, fue examinado por un médico experto, el Dr. Olavo Fontes, quien concluyó que Vilas-Boas padecía una leve enfermedad por radiación.

El encuentro de Vilas-Boas fue uno de los primeros secuestros ampliamente publicitados en la literatura sobre ovnis, y también uno de los primeros casos en los que se mencionó un contacto sexual entre los ocupantes de un ovni y humanos. Ambos aspectos se volvieron mucho más frecuentes en los años posteriores.

VÉASE TAMBIÉN: La abducción de Barney y Betty Hill (1961), La abducción de Hickson y Parker (1973), La abducción en Emilcin (1978), El encuentro de Zanfretta (1978), El encuentro de la familia Knowles (1988), La abducción de Cahill (1993)

VISITANTES DE UNA NAVE CON FORMA OVALADA. El granjero brasileño Antônio Vilas-Boas, secuestrado mientras trabajaba por la noche, está siendo examinado por investigadores en esta foto de 1957.

LOS AVISTAMIENTOS DE LA MISIÓN BOIANI

Papúa Nueva Guinea se encuentra muy lejos de las regiones más frecuentadas por ovnis en la década de 1950, pero uno de los avistamientos más impactantes de ese periodo tuvo lugar allí. A las 6:02 del 26 de junio de 1959, el padre William Gill, un misionero anglicano que entonces vivía en Boiani, en la costa norte de Papúa Nueva Guinea, observó una luz blanca brillante en el cielo noroeste, sobre el mar. Como parecía acercarse a la misión, Gill llamó a otros para que fueran a verlo. Un grupo de treinta y ocho personas se reunió fuera de la misión y vio cómo se acercaba el objeto.

Gill y los demás testigos lo describieron como un objeto grande y muy luminoso con forma de platillo, con cuatro patas en la parte inferior y cuatro ventanas en la parte que daba a los espectadores. Voló a unos cien metros sobre el mar y se detuvo gradualmente en el aire. A intervalos, un haz de luz azul se elevaba desde el platillo hacia las nubes en ángulo. Entonces, cuatro figuras aparentemente humanas salieron a la superficie superior del platillo y se pusieron a hacer algo. Después de veinticinco minutos, el objeto se elevó y desapareció.

Sorprendentemente, a las 6:00 del día siguiente se repitió la misma secuencia de acontecimientos. Esta vez, Gill y uno de los otros testigos saludaron con la mano, y las figuras que se hallaban en la parte superior del disco les devolvieron el saludo. Gill les pidió que aterrizaran, pero al cabo de un rato las figuras volvieron al interior de la nave. Se quedó suspendido en el aire durante más de una hora, pero luego llegaron nubes densas y el objeto desapareció de la vista. Ya no volvió a aparecer.

El informe de Gill sobre su avistamiento causó gran revuelo en los medios de comunicación australianos y dio lugar a preguntas en el Parlamento australiano. La Real Fuerza Aérea llevó a cabo una investigación rutinaria y luego insistió en que Gill y los demás testigos habían visto los planetas Júpiter, Saturno y Marte.

VÉASE TAMBIÉN: El avistamiento de Robozero (1663), El avistamiento en el Estadio Artemio Franchi (1954), El avistamiento en la escuela Westall (1966), Encuentro cercano en Vorónezh (1989), Encuentro cercano en la escuela Ariel (1994), Los avistamientos en Tinley Park (2004)

ATARDECER SOBRE PAPÚA NUEVA GUINEA. Pese a no haber sido escenario de muchos incidentes de contacto potencial, esta nación insular obtuvo un lugar prominente entre los sitios considerados candidatos a visitas extraterrestres gracias a los avistamientos documentados durante la misión Boiani.

(over)

Copied 22 July 1960 from 8x10" print rec'd
23 May 1960 from ATIC, Wright-Patterson AFB,
Ohio thru SAF-OI

163708 A.C.

EL OBJETO CILÍNDRICO DE CRESSY

A principios de la década de 1960, el fenómeno ovni se extendió por todo el mundo, y Australia fue testigo de importantes avistamientos. Tasmania, la gran isla triangular situada al sureste de Australia, fue uno de los lugares más activos. Uno de los avistamientos más sorprendentes y famosos es el conocido como «el cigarro de Cressy».

Cressy es un pequeño pueblo agrícola situado en el centro-norte de Tasmania. Aproximadamente a las 18:10 del día 4 de octubre de 1960, el reverendo Lionel Browning, ministro de la iglesia anglicana local, y su esposa estaban contemplando un arcoiris que se alzaba en el cielo del este. La Sra. Browning señaló a su marido un objeto con forma de cigarro de unos treinta metros de largo que acababa de salir entre las nubes. De color gris metálico mate, tenía lo que parecían antenas que sobresalían de su extremo delantero. Se dirigió hacia el norte a una velocidad de entre noventa y ciento veinte kilómetros por hora, manteniéndose a unos ciento veinte metros sobre el suelo.

El objeto permaneció visible durante un minuto, aproximadamente, y entonces se detuvo; seis pequeños objetos con forma de platillo, que parecían estar hechos de metal brillante, salieron de las nubes y se colocaron a su alrededor a una distancia de unos 800 metros. Unos segundos más tarde, el objeto con forma de cigarro y los platillos volaron hacia el sur y, tras otro minuto, volvieron a desaparecer entre las nubes. Ninguno de los dos testigos percibió ningún sonido inusual durante el avistamiento.

El reverendo Browning informó del avistamiento a la torre de control de Launceston, el aeropuerto más cercano, y más tarde proporcionó un relato detallado al periódico local. Investigadores de ovnis de Tasmania y de otros muchos lugares entrevistaron a los Browning. También lo hicieron oficiales de la Real Fuerza Aérea Australiana, que emitieron un informe insistiendo en que los Browning habían visto el reflejo de la luz de la luna en una nube. Ni los Browning ni nadie que los conociera consideraron probable esta explicación.

VÉASE TAMBIÉN: El incidente de Exeter (1965), El avistamiento en la escuela Westall (1966), Avistamiento en Alderney (2007)

¿ALGO MÁS QUE UN FENÓMENO METEOROLÓGICO? Una colección de fotos de 1960 muestra (empezando por la parte superior izquierda) nubes lenticulares, nubes noctilucentes, fenómenos de parhelia y un espejismo, todos ellos comúnmente confundidos con «platillos voladores».

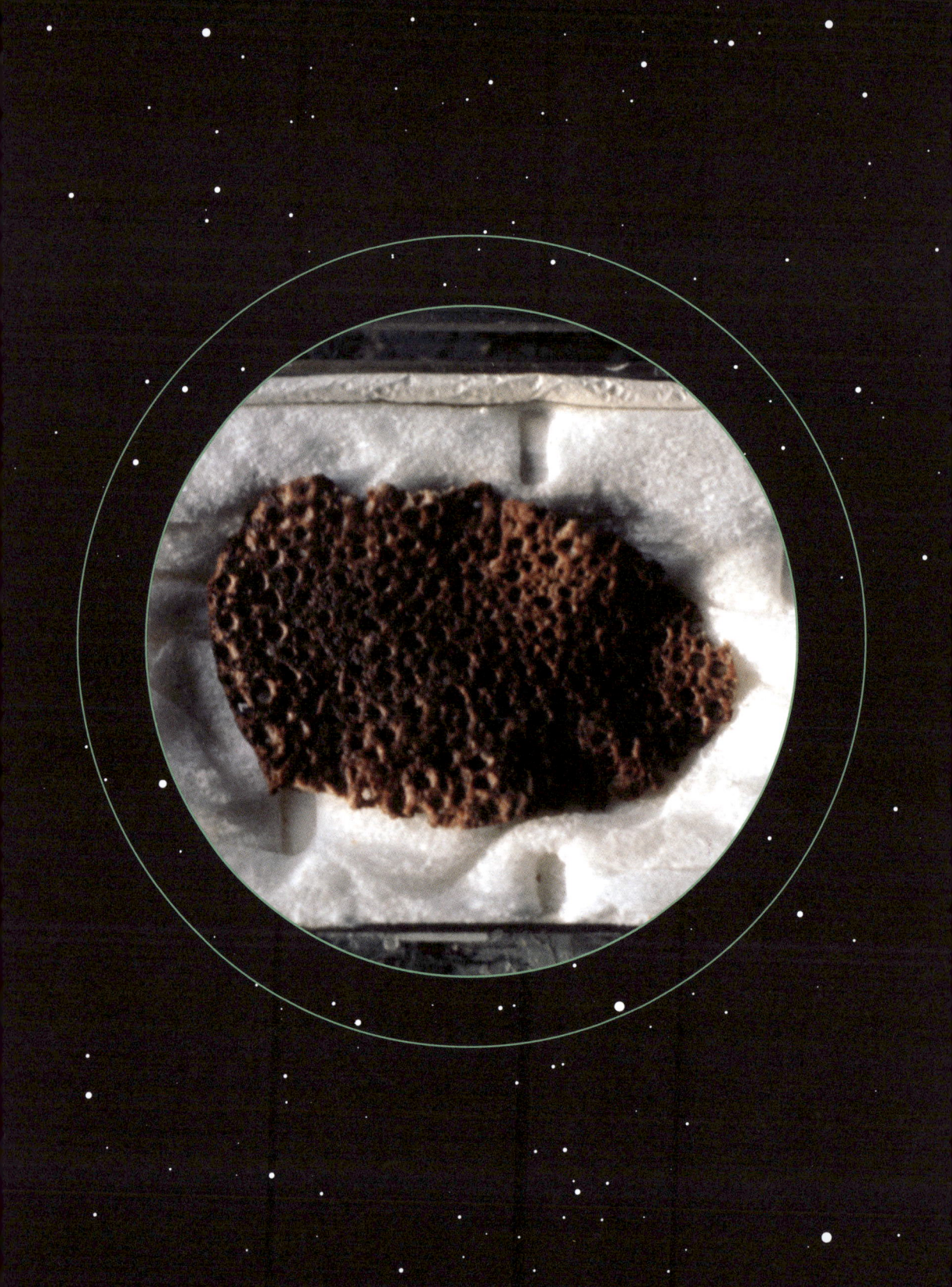

¿TORTITAS DEL ESPACIO?

Además de los encuentros con ovnis más habituales —luces o platillos avistados en el cielo, encuentros cercanos fugaces con seres procedentes de naves aterrizadas—, hay otros casos difíciles de clasificar en alguna de las categorías conocidas. Estos casos «extraños» fueron adquiriendo cada vez más importancia en las experiencias ovni de la década de 1960. Uno de los más extraños fue el de Joe Simonton, que afirmó haber recibido tres tortitas cocinadas a bordo de un platillo volador.

Simonton, un granjero de sesenta años que criaba pollos, vivía cerca de Eagle River, Wisconsin. Alrededor de las 11:00 de la mañana del 18 de abril de 1961, oyó un ruido extraño fuera de su casa y salió a ver qué pasaba. En su patio, flotando a solo unos centímetros del suelo, vio un platillo plateado de unos cuatro metros de altura y nueve de anchura. Al parecer, se abrió una escotilla del platillo y aparecieron tres ocupantes. Medían alrededor de metro y medio, tenían la piel y el pelo oscuros y vestían prendas con cuellos altos y una especie de cascos de punto.

Uno de ellos levantó una jarra e hizo un gesto a Simonton para que la llenara.

Desconcertado, el granjero entró en casa, llenó la jarra con agua y se la devolvió. Cuando regresó, vio que uno de los hombres parecía estar preparando tortitas en una sartén. A cambio del agua, Simonton recibió tres tortitas, cada una de unos siete centímetros y medio de diámetro y con la superficie llena de agujeritos. Entonces, la escotilla se cerró, la nave se elevó silenciosamente unos seis metros y se alejó volando hacia el sur.

El sheriff local y el investigador de ovnis J. Allen Hynek afirmaron que Simonton creía firmemente en la veracidad de su experiencia. Una de las tortitas fue analizada en un laboratorio del Gobierno estadounidense a petición de las Fuerzas Aéreas. Estaba hecha con ingredientes terrestres comunes —trigo, trigo sarraceno, soja y grasa hidrogenada—, pero no contenía sal, lo que guarda un curioso paralelismo con la tradición popular según la cual los alimentos vinculados a las hadas nunca contienen sal.

VÉASE TAMBIÉN: Viajeros de Magonia (815), El encuentro cercano de Cussac (1967), El auge de la alta extrañeza (1969)

TORTITAS INTERESTELARES. ¿Fue este delicioso desayuno un regalo de visitantes extraterrestres?

LA ABDUCCIÓN DE BARNEY Y BETTY HILL

1961

La autopista 3 de los Estados Unidos recorre la zona montañosa del centro de New Hampshire. Allí se encontraban Barney y Betty Hill la noche del 19 de septiembre de 1961, mientras regresaban de sus vacaciones en Canadá a su casa en Portsmouth, New Hampshire. Alrededor de las 22:30, al sur de Lancaster, New Hampshire, ambos vieron un punto brillante en el cielo que seguía el movimiento de las estrellas. Se detuvieron un rato en un área de pícnic y luego continuaron su camino. La luz parecía seguirles, y se convirtió en un platillo brillante con ventanas. Finalmente, se detuvo sobre la carretera delante de ellos.

Barney, quien conducía, detuvo el automóvil y salió. Vio unas figuras humanoides a través de las ventanas. Luego, volvió al coche y siguió conduciendo. Los Hill llegaron a casa al amanecer, tres horas más tarde de lo previsto. Sus relojes habían dejado de funcionar y su ropa y zapatos estaban desgastados. Betty comenzó a tener sueños extraños en los que era capturada y examinada por humanoides de piel gris, y ambos buscaron atención médica.

Cuando se hallaron bajo los efectos originados por el hipnotizador clínico Benjamin Simon, se reveló una historia inquietante. Los dos describieron cómo les obligaron a salir de la autopista y adentrarse en el bosque, donde les detuvieron y les subieron a bordo de un platillo volador; allí, fueron sometidos a exámenes médicos. Sus relatos coincidían en lo esencial, aunque variaban en algunos detalles. Betty también recordó que le mostraron un diagrama que ella interpretó como un mapa estelar. Una investigadora, Marjorie Fish, propuso que el mapa trazaba el recorrido de los visitantes hasta el sistema estelar doble Zeta Reticuli, a unos treinta y nueve años luz de la Tierra.

Los escépticos han cuestionado este dato, al igual que casi todos los demás detalles del caso. No obstante, el encuentro de Barney y Betty Hill se ha convertido en el más famoso de todos los casos de abducción ovni y ha desempeñado un papel importante en la configuración de la narrativa ovni.

VÉASE TAMBIÉN: La abducción de Vilas-Boas (1957), La abducción de Hickson y Parker (1973), La abducción en Emilcin (1978), El encuentro de Zanfretta (1978), El encuentro de la familia Knowles (1988), La abducción de Cahill (1993)

EL INCIDENTE ZETA RETICULI. Betty y Barney Hill (en la foto mostrando un artículo sobre el suceso) relataron una abducción que se convirtió en la base de muchas historias posteriores sobre ovnis.

ATERRIZAJE EN SOCORRO

Dionicio «Lonnie» Zamora era agente del departamento de policía de Socorro, Nuevo México. Alrededor de las 17:45 del 24 de abril de 1964, estaba persiguiendo a un coche que circulaba a gran velocidad al sur de Socorro cuando oyó un rugido y vio una llamarada a cierta distancia de la carretera. Temiendo que hubiera estallado un almacén de dinamita, interrumpió la persecución y se dirigió al lugar de la explosión mientras pedía refuerzos por radio.

En ese momento, vio un destello metálico que le llamó la atención y se dirigió hacia él, pensando en un primer momento que se trataba de un coche volcado y, a continuación, de un globo meteorológico medio desinflado. Cuando se acercó, vio que era un objeto metálico con forma de huevo, del color del aluminio, que reposaba en el suelo sobre cuatro patas extensibles. Dos figuras vestidas con un mono blanco estaban de pie cerca del objeto; cuando Zamora se acercó, ellas entraron en aquel extraño vehículo. Entonces oyó un rugido y vio una llama azul y naranja que salía de debajo del objeto; este se elevó en el aire y siguió su camino a gran velocidad. Poco después llegaron otros agentes de policía.

En el lugar donde Zamora dijo que el objeto había despegado, había matorrales y hierba en llamas.

Este aparente aterrizaje fue investigado por investigadores de ovnis y también por oficiales del Proyecto Blue Book de las Fuerzas Aéreas estadounidenses, que catalogaron la causa del avistamiento como «desconocida». Los medios de comunicación estadounidenses cubrieron ampliamente el suceso. El escéptico Steuart Campbell se llevó el premio al intento de explicación más disparatado al asegurar que el avistamiento era «casi con toda seguridad» un espejismo de la estrella Canopus, que, por supuesto, no es visible a plena luz del día. Otra teoría menos improbable que circuló entre los investigadores de ovnis sugería que Zamora había sido testigo de la prueba de algún tipo de nave secreta estadounidense procedente del polígono de misiles de White Sands, situado no muy lejos de allí. Sin embargo, el incidente de Socorro sigue sin resolverse hasta el día de hoy.

VÉASE TAMBIÉN: El encuentro de Marius Dewilde (1954), El misterio de la línea recta (1954), Encuentro cercano en la colina Dechmont (1979), Encuentro cercano en Vorónezh (1989)

UN RESPLANDOR DE LUZ SOLAR SOBRE EL METAL. El encuentro de Socorro, representado en esta ilustración, sigue sin resolverse hasta la fecha.

EL INCIDENTE DE EXETER

Uno de los avistamientos de ovnis mejor documentados y más publicitados de todos los tiempos, los avistamientos de Exeter, comenzaron en la madrugada del 3 de septiembre de 1965. Norman Muscarello, de dieciocho años, se dirigía a su casa en Exeter, New Hampshire, después de visitar a su novia en un pueblo vecino. Se encontraba a unos kilómetros de Exeter, en la carretera 150, cuando vio cinco luces rojas parpadeantes delante de él. Al acercarse, se dio cuenta de que estaban fijadas en una estructura oscura con forma de platillo de entre veinticinco y veintisiete metros de diámetro, que flotaba en el aire sobre los árboles, cerca de dos granjas. Al cabo de un rato, el aparato siguió volando por encima de una casa y se adentró en una zona boscosa cercana.

Aterrorizado, Muscarello detuvo un coche y pidió que le llevaran a la comisaría de Exeter. Un agente de policía de servicio, Eugene Bertrand, ya había entrevistado a otro testigo que había visto la misma nave esa misma noche. Bertrand llevó a Muscarello de vuelta al lugar de los hechos. Cuando salieron del coche patrulla y se dirigieron hacia la zona boscosa, el mismo objeto se elevó entre los árboles. Bertrand pidió refuerzos y otro agente, David Hunt, llegó al lugar y vio la misma nave. Los tres testigos observaron cómo el platillo se elevaba hasta desaparecer. Ese mismo día, varios testigos más informaron a la policía del avistamiento de objetos voladores similares.

La noticia tuvo repercusión a nivel nacional en los medios de comunicación estadounidenses y se convirtió en el tema de un famoso libro, *Incident at Exeter* (Incidente en Exeter), de John Fuller, que llegó a la lista de los más vendidos del *New York Times*. Los escépticos y los oficiales de las Fuerzas Aéreas insistieron en que los testigos debían haber visto aviones que volaban desde la cercana Base Aérea de Pease, pero los testigos conocían bien el tráfico aéreo de esa base e insistieron en que lo que habían visto era algo completamente diferente. La controversia que siguió no hizo más que reforzar entre los creyentes la convicción de que se trataba de un encubrimiento por parte de las Fuerzas Aéreas.

VÉASE TAMBIÉN: El objeto cilíndrico de Cressy (1960), El incidente del gas del pantano (1966), El encuentro de Cash y Landrum (1980), Avistamientos en Stephenville (2008)

INCIDENTE EN EXETER. La historia de Norman Muscarello sobre su abducción extraterrestre, representada en esta ilustración, fue la base de un libro superventas.

EL ACCIDENTE DE KECKSBURG

La tarde del 9 de diciembre de 1965 dio un giro inesperado en Michigan y Ontario a las 16:43: una brillante bola de fuego salió disparada del cielo al noreste de Detroit y Windsor, dos ciudades separadas por una frontera nacional y un río. Cientos de testigos, entre ellos veintitrés pilotos de avión, vieron la bola de fuego mientras cruzaba el cielo en dirección suroeste. Testigos en Pittsburgh, unos minutos más tarde, informaron de un estruendo ensordecedor. En la ciudad de Kecksburg, Pensilvania, a unos 50 kilómetros al sur de Pittsburgh, los habitantes observaron cómo un objeto se precipitaba desde el cielo hacia un bosque cercano, mientras otros oían el impacto.

Los residentes locales acudieron al lugar e informaron de que habían visto un objeto con forma de bellota del tamaño de un coche pequeño, con marcas en el exterior que parecían jeroglíficos. Poco después, agentes de la policía estatal acordonaron el lugar del accidente y personal de las Fuerzas Aéreas llegó para investigar lo ocurrido. Al día siguiente, las autoridades insistieron en que no se había encontrado nada en el lugar, pero John Hays, residente en Kecksburg, afirmó haber visto un camión militar de plataforma plana que abandonaba la zona con un objeto del tamaño de un coche cubierto con lonas.

La versión oficial difundida por las oficinas gubernamentales durante las cuatro décadas siguientes fue que la bola de fuego no era más que un meteoro y que el accidente de Kecksburg nunca había ocurrido. Sin embargo, en 2005, funcionarios de la NASA emitieron un comunicado en el que afirmaban que los fragmentos metálicos recuperados en el lugar del accidente de Kecksburg demostraban que un satélite ruso se había estrellado allí, pero que todos los registros de la NASA sobre el tema se habían extraviado misteriosamente. A pesar de las investigaciones posteriores y las solicitudes amparadas en la Ley de Libertad de Información, no ha salido a la luz ninguna información adicional. Fuera de los círculos más internos del Gobierno de los Estados Unidos, el accidente de Kecksburg sigue siendo un misterio.

VÉASE TAMBIÉN: El accidente de Aurora (1897), El acontecimiento de Tunguska (1908), El accidente en Shag Harbour (1967), Aterrizaje en el bosque de Rendlesham (1980), El accidente de Megaplatanos (1990), Encuentros cercanos en Varginha (1996)

LA BELLOTA ESPACIAL. La imagen muestra una escultura de gran tamaño que replica el objeto volador no identificado original. Fue creada para el programa de televisión *Unsolved Mysteries* (Misterios por resolver) y posteriormente instalada en Kecksburg, Pensilvania, como atracción para los visitantes.

LOS CÍRCULOS EN LOS CULTIVOS DE TULLY

1966

L a ciudad de Tully está situada en el extremo norte del estado australiano de Queensland. No muy lejos, al lado de la pequeña ciudad de Euramo, hay una zona llamada Horseshoe Lagoon. Allí es donde se encontraba George Pedley la mañana del 19 de enero de 1966, conduciendo un tractor, cuando oyó un silbido. Creyendo que uno de los neumáticos se había pinchado, detuvo el tractor. En ese momento, un objeto con forma de platillo de unos nueve metros de diámetro se elevó entre los juncos y los árboles de un humedal cercano, voló una corta distancia y desapareció envuelto en una nube de vapor azul.

Tras recuperarse de la sorpresa que le causó esta insólita visión, Pedley se acercó a investigar y descubrió que, en el lugar donde había estado el objeto, los juncos estaban aplastados formando un círculo perfecto, con un remolino en sentido horario. Más tarde, ese mismo día, fue a buscar al propietario de la finca, Albert Pennisi, para que viera lo ocurrido. Pennisi se adentró en el humedal y descubrió que los juncos no solo estaban aplastados, sino que habían sido arrancados de raíz y formaban una masa circular enmarañada. Pennisi y Pedley también encontraron una zona rectangular cerca del círculo donde habían desaparecido sin más otra serie de juncos.

A medida que se corrió la voz, empezaron a llegar curiosos, y otros granjeros de la zona se pusieron a buscar algo similar en sus propiedades. Aparecieron cinco «nidos» más. Llegaron periodistas para investigarlo, así como oficiales de la Real Fuerza Aérea Australiana, quienes insistieron en que los «nidos» debían de ser el resultado de algún fenómeno natural, como un torbellino. Otros investigadores determinaron que, de hecho, ya hacía varios años se habían encontrado «nidos» en esa zona, pero los granjeros locales desconocían su origen. Este fenómeno despertó un gran interés entre los investigadores de ovnis, pero su verdadero significado no quedó claro hasta que comenzaron a aparecer círculos similares en campos de cereales al otro lado del mundo: se trataba de la primera oleada de círculos en los cultivos de Inglaterra.

VÉASE TAMBIÉN: El diablo segador (1678),
Los creadores de los círculos, desenmascarados (1991)

EL MISTERIO DE LOS CÍRCULOS EN LOS CULTIVOS. Estrechamente vinculados al imaginario de visitas extraterrestres, los círculos en los cultivos han sido atribuidos en repetidas ocasiones a causas naturales o humanas. Sin embargo, siguen suscitando preguntas sin respuesta.

EL AVISTAMIENTO EN LA ESCUELA WESTALL

Westall School era una escuela australiana normal y corriente situada en Clayton South, un suburbio de Melbourne. Alrededor de las 11:00 de la mañana del 6 de abril de 1966, unos trescientos alumnos estaban en el patio durante el recreo con varios profesores. El ruido habitual en el patio de la escuela se redujo repentinamente cuando apareció una nave con forma de platillo, de color gris o plateado. Los testigos estimaron que su tamaño era casi el doble del de un coche familiar. El objeto descendió silenciosamente hasta posarse en un prado cercano, oculto tras una hilera de pinos.

Veinte minutos más tarde, el mismo objeto se elevó desde el prado y voló hacia el noroeste a gran velocidad hasta que ya no se pudo ver. Cuando todavía era visible, cinco aviones sin distintivos lo persiguieron y lo siguieron hasta que desapareció. Algunos de los alumnos corrieron hacia el prado, donde encontraron un círculo de hierba aplastada en el lugar donde se había visto el objeto.

Cuando los niños regresaron del recreo, el director de la escuela les dijo que no hablaran de lo que habían visto, o se les castigaría. Según otros informes, hombres vestidos con trajes elegantes recorrieron Clayton South en los días siguientes al avistamiento, advirtiendo a la gente de que no mencionara nada al respecto. Al día siguiente, el periódico publicó un artículo en el que se afirmaba que el objeto era un globo meteorológico, algo que pocos de los testigos aceptaron.

En 2005 apareció un nuevo dato; el investigador Keith Basterfield descubrió registros de vuelos de globos realizados para vigilar los ensayos nucleares británicos en Maralinga, en el interior de Australia. Era posible que un globo de ese programa se hubiera desviado de su rumbo y, en caso de que así fuera, podría haber aterrizado en el prado de Clayton South y luego haber vuelto a elevarse. Sin embargo, por el momento se trata solo de una hipótesis sin pruebas.

VÉASE TAMBIÉN: El avistamiento en el Estadio Artemio Franchi (1954), Los avistamientos de la misión Boiani (1959), El incidente del gas del pantano (1966), Encuentro cercano en Vorónezh (1989), Encuentro cercano en la escuela Ariel (1994), Los avistamientos en Tinley Park (2004)

¡MIRAD EL CIELO! En esta fotografía del avistamiento de un ovni en Westall, un objeto volador no identificado se mantiene suspendido en el aire antes de descender hacia un campo cercano.

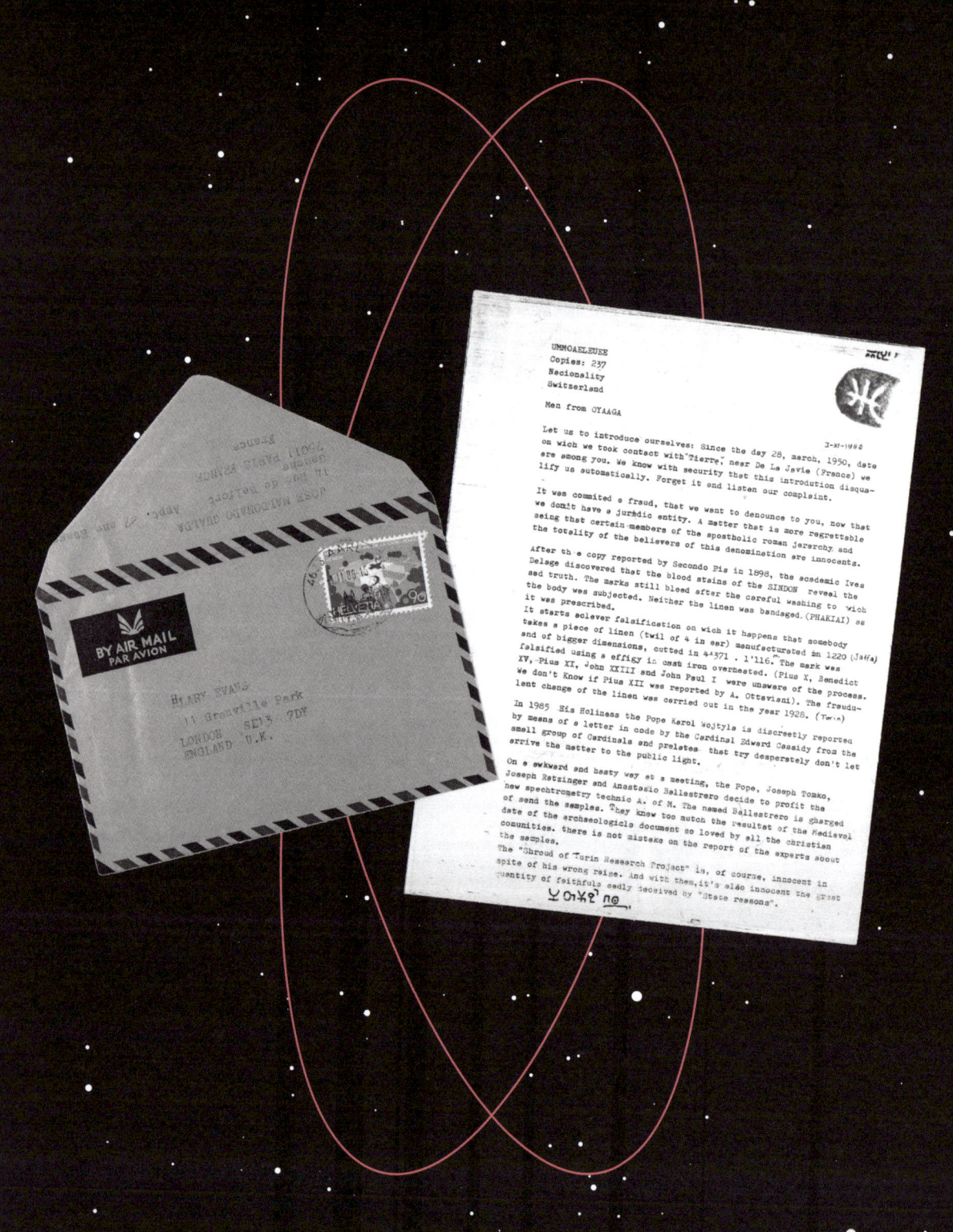

UMMOAELEUEE
Copies: 237
Nacionality
Switzerland

Men from OYAAGA

3-XI-1988

Let us to introduce ourselves: Since the day 28, march, 1950, date
on wich we took contact with'Tierre, near De La Javie (France) we
are among you. We know with security that this introduction disqua-
lify us automaticaly. Forget it and listen our complaint.

It was comited a fraud, that we went to denounce to you, now that
we don't have a juradic entity. A matter that is more regrettable
seing that certain members of the apostholic roman Jerarchy, and
the totality of the believers of this denomination are innocents.

After th e copy reported by Secondo Pis in 1898, the academic Ives
Delage discovered that the blood stains of the SINDON reveal the
sad truth. The marks still bleed after the careful washing to wich
the body was subjected. Neither the linen was bandaged.(PHAKIAI) as
it was prescribed.
It starts a clever falsification on wich it happens that somebody
takes a piece of linen (twil of 4 in sar) manufacturated an 1220 (Jaffa)
and of bigger dimensions, cutted in 4·371 · 1'116. The mark was
falsified using a effigy in cast iron overheated. (Pius X, Benedict
XV, Pius XI, John XXIII and John Paul I were unaware of the process.
We don't Know if Pius XII was reported by A. Ottaviani). The fraudu-
lent change of the linen was carried out in the year 1928. (Turin)

In 1985 His Holiness the Pope Karol Wojtyla is discreetly reported
by means of a letter in code by the Cardinal Edward Cassidy from the
small group of Cardinals and prelates that try desperately don't let
arrive the matter to the public light.

On a awkward and hasty way at a meeting, the Pope, Joseph Tomko,
Joseph Ratzinger and Anastasio Ballestrero decide to profit the
new spechtrometry technic A· of M. The named Ballestrero is gharged
of send the samples. They know too autcn the resultat of the Medieval
date of the archaeologicls document so loved by all the christian
comunities. there is not misteka on the report of the experts about
the samples.
The "Shroud of Turin Research Project" is, of course, innocent in
spite of his wrong reise. And with them,it's also innocent the great
quantity of faithfuls sadly deceived by "State reasons".

EL CASO UMMO

En 1966 comenzaron a aparecer unas misteriosas cartas en buzones de España y Francia. Estaban escritas a máquina de forma torpe y marcadas con un curioso emblema: «)+(». Al parecer, se habían enviado desde todo el mundo a científicos e investigadores de ovnis. En ellas se afirmaba que procedían de alienígenas con aspecto humano que vivían en secreto en la Tierra. Su planeta se llamaba Ummo y orbitaba alrededor de la estrella Iumma, a 14,6 años luz de la Tierra y a la que los científicos terrestres llaman «Wolf 424». Habían detectado la Tierra a través de nuestras señales de radio y su expedición aterrizó en la Tierra cerca de la ciudad francesa de Digne el 28 de marzo de 1950. Las cartas contenían conceptos científicos vanguardistas e información sobre la cultura y la historia de Ummo.

Esto causó un revuelo comprensible entre los investigadores de ovnis y los científicos de Europa. El interés alcanzó su punto álgido cuando, el 1 de junio de 1967, tuvo lugar un aparente encuentro cercano en los alrededores de Madrid, que incluyó marcas en el suelo, extraños artefactos y fotos nítidas de una nave con forma de platillo y con el emblema de Ummo estampado en la parte inferior. Sin embargo, un análisis detallado de las fotos demostró que eran falsificaciones ingeniosas, y los artefactos resultaron tener orígenes terrestres.

Desde entonces, la mayoría de los investigadores consideraron que el caso Ummo era un engaño, pero hubo que esperar hasta 1992 para que se conocieran los detalles. Fue entonces cuando el psicólogo español José Luis Jordán Peña admitió que él mismo había lanzado el engaño con la ayuda de un amigo que se encargó de enviar las cartas. También había falsificado las fotos y el aterrizaje. Detrás de todo ello, como había conjeturado años antes el investigador de ovnis Jacques Vallée, se encontraba un famoso relato de 1940 del escritor argentino José Luis Borges, «Tlön, Uqbar, Orbis Tertius», que describía cómo una broma similar se había descontrolado y había remodelado nuestro mundo a su imagen. La creación de Peña no tuvo un efecto tan trascendental, pero dejó una huella significativa en el mundo de la investigación sobre ovnis.

VÉASE TAMBIÉN: La grabación de Mariana (1950), Los encuentros de Gulf Breeze (1987), El incidente Tic Tac (2004)

CARTAS DE UMMO. Estas cartas manuscritas llegaron por correo postal, supuestamente enviadas por extraterrestres que vivían de incógnito en la Tierra.

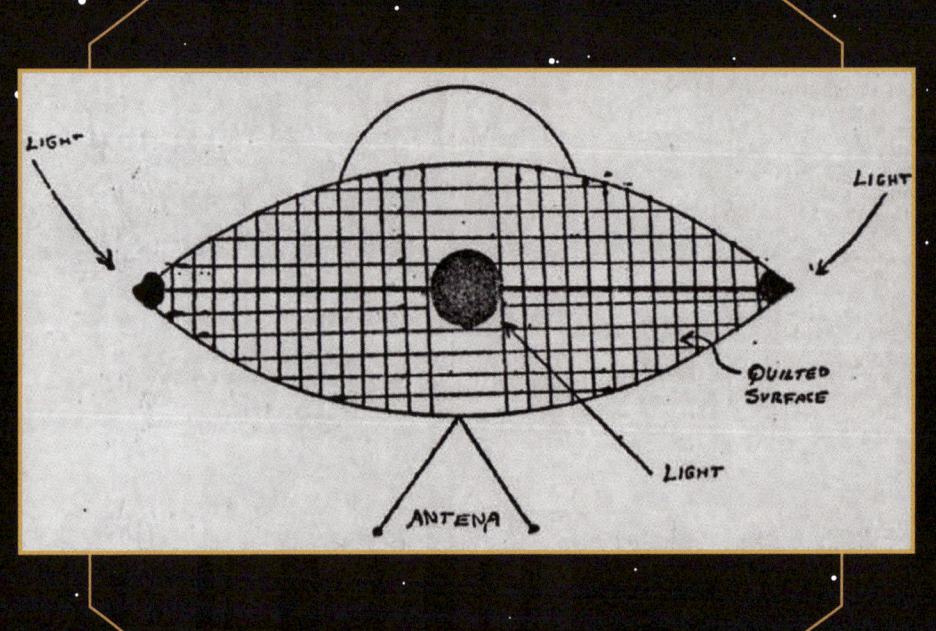

EL INCIDENTE DEL GAS DEL PANTANO

Todo comenzó con una serie de llamadas telefónicas a las comisarías de policía del oeste de Michigan en la madrugada del 14 de marzo de 1966. Los residentes de toda la región decían haber visto unos platillos luminosos, rojos y verdes, que volaban a gran velocidad por el cielo. Varios agentes de policía también los vieron. Los objetos desaparecieron antes del amanecer, pero el 17 de marzo volvieron a aparecer.

El 20 de marzo se produjo un suceso aún más impactante. Un granjero de la zona, Frank Mannor, vio una luz brillante cerca de su casa. Cuando él y su hijo Ron salieron a ver qué pasaba, se encontraron con un objeto en forma de disco del tamaño de un coche, con la parte inferior plana, la parte superior abovedada y luces brillantes. Según lo observaban, el objeto desapareció, reapareció a cierta distancia, repitió el proceso y luego se alejó a gran velocidad. Los dos agentes de policía a los que Mannor llamó también presenciaron el suceso.

La noche siguiente ocurrió lo mismo en el Hillsdale County College. Diecisiete jóvenes que se alojaban en una residencia vieron aparecer y reaparecer un objeto similar que se mantenía suspendido cerca del suelo. La policía local y los responsables de la protección civil acudieron al lugar tras recibir varias llamadas y también fueron testigos del extraño objeto.

En definitiva, fue un avistamiento de ovni normal y corriente de mediados de los años sesenta, pero la respuesta de las Fuerzas Aéreas lo convirtió en un circo mediático. Para investigar el caso, enviaron al astrónomo J. Allen Hynek, quien sugirió que los avistamientos de Mannor podrían deberse a fugas de gas metano procedentes de un pantano cercano. Las Fuerzas Aéreas y los medios de comunicación nacionales se apresuraron a insistir en que todo el incidente tenía una explicación: se trataba de gas de los pantanos. Pero el público no se lo creyó y hubo una gran protesta. Este hecho inspiró al congresista de ese distrito, Gerald R. Ford, a celebrar audiencias en la Cámara de Representantes. De ahí surgió el fiasco del Comité Condon.

VÉASE TAMBIÉN: El Proyecto Blue Book (1952), El avistamiento en la escuela Westall (1966), El informe Condon (1969), Encuentro cercano en la escuela Ariel (1994), Audiencias del Gobierno estadounidense sobre los FANI (2023)

DIBUJOS DE UNA VISITA. Numerosas personas en el oeste de Michigan registraron sus encuentros con estas extrañas naves con forma de disco.

¡MOTHMAN!

En el otoño de 1966, comenzaron a suceder cosas extrañas en Point Pleasant, Virginia Occidental. Luces misteriosas surcaban el cielo nocturno o flotaban en silencio sobre casas aisladas. Viajeros que transitaban por carreteras solitarias aseguraban haber visto objetos voladores que zumbaban sobre sus vehículos a plena luz del día, o incluso aterrizaban para dejar salir a figuras sonrientes, de apariencia humana, que formulaban preguntas insólitas y relataban historias aún más desconcertantes. Al mismo tiempo, los «hombres de negro» hacían apariciones inesperadas, se enfrentaban a los testigos y les advertían con tono amenazante que guardaran silencio. Durante más de un año, Point Pleasant fue el escenario de un auténtico desfile de fenómenos inexplicables.

El más insólito de todos estos avistamientos se concentró en los alrededores de la llamada «zona TNT», una antigua planta de municiones abandonada desde la Segunda Guerra Mundial. Fue allí donde varios testigos afirmaron haber visto una figura enorme, alada, de color gris, con unos ojos rojos que brillaban como el fuego. La gente del lugar empezó a referirse a la criatura como el «Mothman». Aunque los escépticos sostenían que debía de tratarse de una grulla gris, los testigos, al ver fotografías del ave, insistían en que no se parecía en absoluto a lo que ellos habían presenciado.

A medida que decenas de investigadores de ovnis acudían a la zona y seguían produciéndose avistamientos, comenzaron a extenderse rumores por la comunidad de Point Pleasant que afirmaban que algo terrible estaba a punto de suceder. Esos rumores se confirmaron cuando, el 15 de diciembre de 1967, se produjo una tragedia repentina: el puente Silver Bridge, que cruzaba el río Ohio en Point Pleasant, se derrumbó en plena hora punta, provocando la caída de decenas de vehículos al agua helada. Treinta y ocho personas murieron a causa del desastre. Después, los extraños sucesos cesaron y nunca se repitieron. Hoy día, Point Pleasant sigue siendo un destino de peregrinación para quienes se sienten atraídos por lo inexplicable. Los desconcertantes sucesos ocurridos entre 1966 y 1967 obligaron a los investigadores de ovnis a enfrentarse a los aspectos más desconcertantes del fenómeno.

VÉASE TAMBIÉN: El monstruo de Flatwoods (1952), Los hombres de negro (1956), El auge de la alta extrañeza (1969), Encuentro cercano en el páramo de Ilkley (1987)

EL ATAQUE DE MOTHMAN. Esta brillante estatua metálica da la bienvenida a los visitantes en Point Pleasant, Virginia Occidental, donde se celebra una vez al año el festival de Mothman.

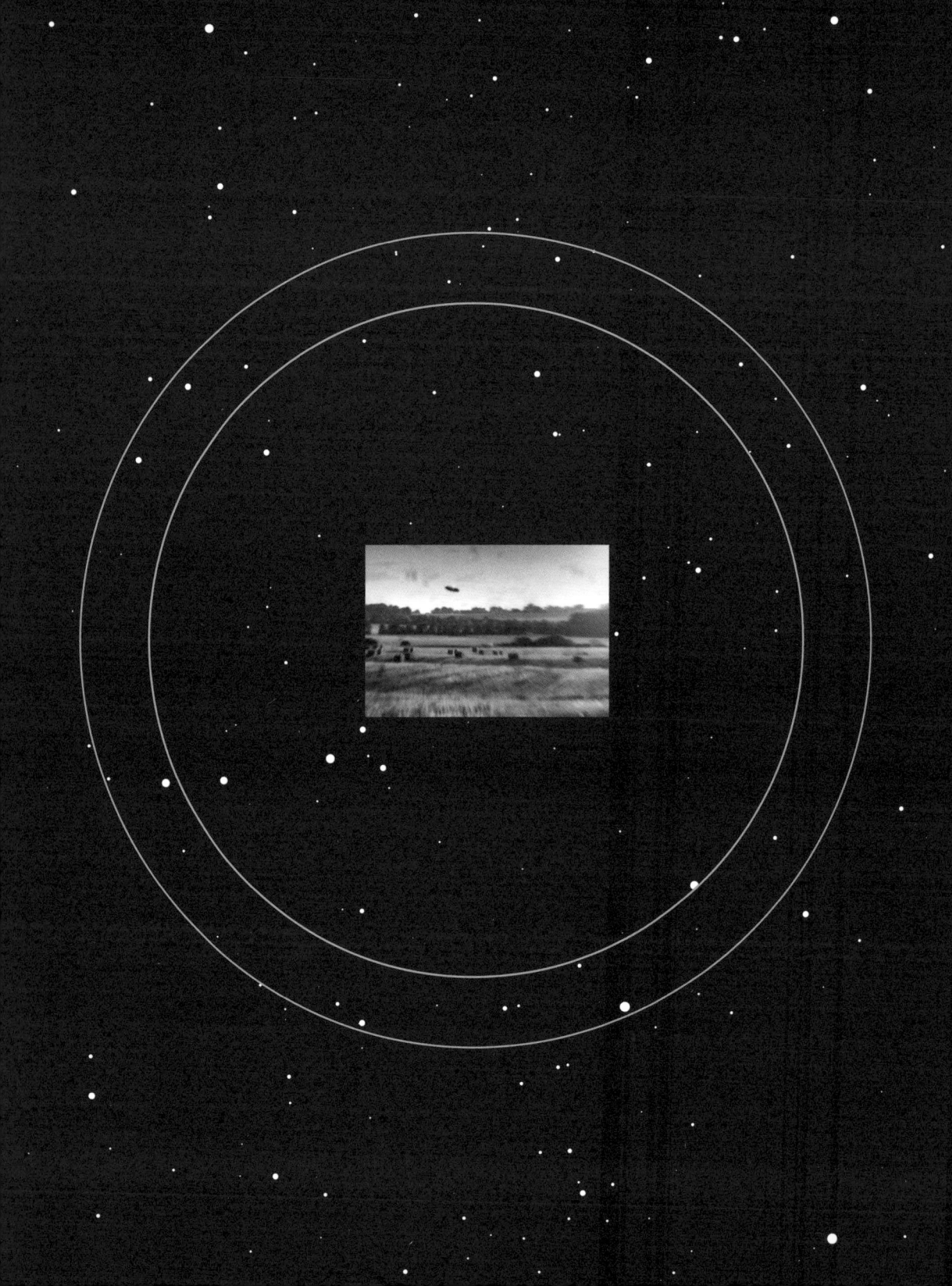

EL ENCUENTRO
CERCANO DE CUSSAC

A finales de la década de 1960 se produjo una oleada masiva de avistamientos de ovnis y encuentros cercanos tanto en Europa como en Estados Unidos. Uno de los avistamientos más famosos de ese periodo tuvo lugar cerca de Cussac, en la meseta de Cantal, en Auvernia (Francia), el 29 de agosto de 1967. Alrededor de las 10:30 de la mañana, un niño de trece años, François Despleches, y su hermana de nueve, Anne-Marie, estaban cuidando las vacas en los pastos de su familia, acompañados de su perro Medor. De repente, François vio cuatro entidades de algo más de un metro de altura. Se encontraban a unos doce metros de ellos; tanto sus cuerpos como sus ropas eran completamente negros y parecían tener una textura sedosa. Junto a ellos había una esfera brillante y plateada de unos dos metros de diámetro.

François les llamó, pensando que eran niños. Los seres, al ver que los habían descubierto, se elevaron uno a uno en el aire y se sumergieron en la parte superior de la esfera, que se elevó emitiendo un silbido, dio vueltas sobre el campo y se alejó volando hacia el noroeste, dejando a su paso un olor sulfuroso. En ese momento, las vacas comenzaron a mugir y Medor ladró e intentó perseguir la esfera; los niños llamaron al perro, condujeron las vacas al establo y luego relataron lo que habían visto.

Los investigadores del GEPAN, el instituto francés dedicado a la investigación de ovnis, entrevistaron a los niños y comprobaron que aún se podía oler el azufre en la hierba seca donde había estado la esfera. Este dato no pareció decir nada a los investigadores, pero cualquiera que estuviera familiarizado con el folclore rural francés habría detectado inmediatamente a qué criaturas se referían. Durante muchos siglos, los habitantes de las zonas rurales francesas han contado historias sobre criaturas parecidas a duendes llamadas *lutins* o *farfadets*, que pueden volar y se asocian con el olor a azufre. Avistamientos como este contribuyeron a reforzar, en la década siguiente, interpretaciones alternativas sobre la naturaleza de los ovnis.

VÉASE TAMBIÉN: Viajeros de Magonia (815), ¿Tortitas del espacio? (1961), El auge de la alta extrañeza (1969)

UN AVISTAMIENTO EN LA FRANCIA RURAL. Esta imagen borrosa muestra un ovni sobrevolando un apacible y hermoso campo, un contraste inquietante entre lo cotidiano y lo inexplicable.

'Secrets of the Sea'

Artist Tara Goreham – World's Harbour, NS

Canada

EL ACCIDENTE EN SHAG HARBOUR

El vuelo 305 de Air Canada, que se dirigía a Toronto el 4 de octubre de 1967, pasó una tarde de lo más normal hasta las 19:15. Fue entonces cuando el copiloto, Robert Ralph, avistó un objeto rectangular brillante seguido de una serie de luces más pequeñas a unos kilómetros del lado izquierdo del avión. Se lo comunicó al capitán, Pierre Charbonneau. Mientras ambos lo observaban, una explosión agitó el objeto. A continuación, se produjo una segunda explosión, y el avión se alejó hasta que perdió de vista el objeto.

Esa misma noche, frente a Sambro (Nueva Escocia), el capitán Leo Mersey, del pesquero MV Nickerson, detectó una anomalía en el radar de su barco. Él y toda la tripulación subieron a cubierta y observaron cuatro luces en formación rectangular que cruzaban el cielo del noreste a veintisiete kilómetros de distancia. Muchos otros testigos de la costa sur de Nueva Escocia vieron el mismo objeto e informaron a los periódicos locales y a la Real Policía Montada de Canadá (RCMP).

Alrededor de las 23:20, según los testigos, un objeto luminoso que volaba bajo surcó el cielo con un silbido y se estrelló contra el agua frente a Shag Harbour, Nueva Escocia. Varias personas vieron el objeto, aún iluminado, flotando en el mar. Pensando que se había estrellado un avión, los testigos llamaron a la RCMP, que envió inmediatamente a dos agentes al puerto. Cuando llegaron, el objeto aún era visible en el agua, pero había empezado a hundirse. Varios pesqueros locales salieron en busca de supervivientes. Cuando llegaron, el objeto había desaparecido. Ni ellos ni los guardacostas encontraron restos, cadáveres o supervivientes.

Mientras tanto, las autoridades locales habían determinado que ningún vuelo de un avión conocido había desaparecido en ningún lugar de las provincias marítimas o de Nueva Inglaterra. Los buzos enviados al fondo del mar no encontraron ningún rastro de nada inusual. La causa del incidente de Shag Harbour sigue siendo desconocida.

VÉASE TAMBIÉN: El accidente de Aurora (1897), El acontecimiento de Tunguska (1908), El accidente de Roswell (1947), El accidente de Kecksburg (1965), El accidente de Megaplatanos (1990), Encuentros cercanos en Varginha (1996)

UN PESCADOR DE MÁS ALLÁ DE LAS ESTRELLAS. Esta estatua de una langosta alienígena señala el lugar donde se estrelló un ovni en Nueva Escocia.

RECUERDOS DEL FUTURO

La idea de que los extraterrestres pudieran haber visitado la Tierra en la antigüedad ya había sido planteada por otros escritores antes de que se publicara en 1968 el superventas de Erich von Däniken *Recuerdos del futuro*. Harold T. Wilkins y Robert Charroux escribieron obras de no ficción sobre ese tema. También lo hizo, aunque más adelante se sintiera avergonzado de ello, Carl Sagan, cuyo libro de 1966 *Vida inteligente en el Universo* (escrito en coautoría con el astrofísico soviético Iosif Shlovskii) presentaba argumentos convincentes a favor de la posibilidad de que los mitos de los pueblos antiguos incluyeran registros de visitantes extraterrestres.

Sin embargo, fue el libro de Von Däniken el que dio a conocer al público la hipótesis de los antiguos astronautas. Von Däniken, director de hotel con un pasado turbio, incluidas varias condenas por robo y fraude, no parecía la persona idónea para impulsar un cambio cultural tan drástico. Sus argumentos eran a menudo poco sólidos, y los hechos que presentaba, bastante confusos o simplemente erróneos; sin embargo, *Recuerdos del futuro* y sus numerosas secuelas tuvieron un gran éxito. En una época en la que los avistamientos de misteriosas naves voladoras eran frecuentes y las explicaciones oficiales no satisfacían a mucha gente, muchos lectores estaban dispuestos a considerar la posibilidad de que tales naves hubieran sido avistadas por personas en la antigüedad y que las explicaciones oficiales de la historia de la humanidad eran erróneas.

Recuerdos del futuro tuvo otro impacto importante en la polémica del fenómeno ovni. A raíz del libro, se levantaron barreras entre la comunidad científica dominante y los investigadores alternativos. La carrera de Carl Sagan traza exactamente ese proceso: el mismo hombre que teorizaba sobre los antiguos astronautas en 1966 contribuyó diez años después a un volumen muy comercializado que denunciaba a Däniken. Sagan se convirtió en una de las principales caras públicas de la reacción contra la cultura alternativa que impulsó el auge del movimiento escéptico en los años siguientes.

VÉASE TAMBIÉN: Visitantes misteriosos (5000 a. e. c.), *El libro de los condenados* (1919), *Cuando las profecías fallan* (1954), *Comunión* (1987), *He aquí un caballo pálido* (1991)

¿UN REGALO DE LOS ANTIGUOS ALIENÍGENAS? Hay quien cree que estas cabezas moáis de la Isla de Pascua son la prueba física de una visita prehistórica.

EL INFORME CONDON

1969

El 5 de abril de 1966, un subcomité del Congreso de los Estados Unidos, convocado por el representante Gerald Ford, interrogó al secretario de las Fuerzas Aéreas, Harold Brown, sobre el tratamiento que estas daban al fenómeno de los ovnis. A modo de respuesta, las Fuerzas Aéreas se propusieron encontrar una universidad dispuesta a asumir las tareas de investigación sobre los ovnis. Tras algunas búsquedas, se seleccionó a un equipo de la Universidad de Colorado dirigido por el físico Edward Condon, que comenzó su labor en otoño de 1966.

Al principio, varios grupos civiles de investigación de ovnis colaboraron con el comité Condon y le entregaron una gran cantidad de datos recopilados por sus miembros. Sin embargo, la esperanza de que el comité estudiara el fenómeno con imparcialidad se desvaneció pronto, cuando Condon pronunció un discurso en enero de 1967 en el que tachó a los ovnis de disparates y comentó, con una sonrisa: «Pero se supone que no llegaré a esa conclusión hasta dentro de un año». En julio, llegó a los medios de comunicación un memorando de Robert Low, miembro del comité Condon, en el que se explicaba que todo el proyecto estaba concebido como un ejercicio de desacreditación. Low escribió: «Nuestro estudio iba a ser realizado casi exclusivamente por no creyentes que, aunque no podrían probar un resultado negativo, podrían añadir, y probablemente lo harían, un impresionante conjunto de pruebas de que los avistamientos no son reales».

El informe final del comité Condon fue tan negativo como sugería el memorando de Low. Publicado en 1969 con el título *A Scientific Study of Unidentified Flying Objects* (Estudio científico sobre los objetos voladores no identificados), insistía en que no se ganaba nada investigando más sobre los ovnis, a pesar de que casi un tercio de los avistamientos incluidos en el estudio aún no tenían explicación. Para la corriente científica dominante, se convirtió en una justificación para el rechazo generalizado de los ovnis; entre los investigadores, reforzó la convicción de que las instituciones políticas y militares estaban implicadas en un encubrimiento.

VÉASE TAMBIÉN: El Proyecto Blue Book (1952), El incidente del gas del pantano (1966), Audiencias del Gobierno estadounidense sobre los FANI (2023)

«LOS AVISTAMIENTOS NO SON REALES». El físico Edward Condon, en la foto, formó parte de un equipo encargado de estudiar los ovnis.

EL AUGE DE LA ALTA EXTRAÑEZA

Hasta el fiasco del comité Condon, los investigadores de ovnis de Estados Unidos y de muchos otros países estaban atrapados en un incómodo dilema. Para la mayoría de ellos, el objetivo era conseguir que los gobiernos, las universidades y la población en general se tomaran en serio el fenómeno. Una de las principales dificultades a las que se enfrentaban era que el propio fenómeno se negaba a limitar su comportamiento a pruebas que contribuyeran a ese objetivo. Experiencias psíquicas, hombres de negro y cosas aún más extrañas seguían inmiscuyéndose en los avistamientos. Organizaciones civiles como el National Investigations Committee on Aerial Phenomena o NICAP (Comité Nacional de Investigación de Fenómenos Aéreos) y la Aerial Phenomena Research Organization o APRO (Organización para la Investigación de Fenómenos Aéreos) se autocensuraron, ignorando los datos de «alta extrañeza» y negándose a investigar los casos que parecían demasiado susceptibles de ridiculizar el fenómeno.

Sin embargo, las consecuencias del informe Condon convencieron a muchos investigadores de que sus esfuerzos por hacer respetable el fenómeno habían sido una pérdida de tiempo. Como respuesta, mientras el NICAP y la APRO seguían evitando los casos más extraños, algunos investigadores de vanguardia empezaron a escribir sobre la alta extrañeza de la ufología. Los más influyentes fueron Jacques Vallée y John Keel. *Passport to Magonia* (Pasaporte a Magonia), de Vallée, publicado en 1969, exploraba los paralelismos entre los avistamientos de ovnis y los cuentos de hadas medievales, mientras que *Operation Trojan Horse* (Operación caballo de Troya), de Keel, publicado al año siguiente, analizaba los sucesos paranormales que tan a menudo rodeaban los encuentros con ovnis.

Tanto Vallée como Keel argumentaron en contra del origen extraterrestre de los ovnis, señalando todas las pruebas que demostraban que el fenómeno ha estado presente en la Tierra desde hace milenios o más. Durante la década siguiente, las especulaciones sobre otras dimensiones y factores paranormales desempeñaron un papel mucho más central que antes en los debates sobre los ovnis.

VÉASE TAMBIÉN: Viajeros de Magonia (815), El monstruo de Flatwoods (1952), ¿Tortitas del espacio? (1961), ¡Mothman! (1966), El encuentro cercano de Cussac (1967), Encuentro cercano en el páramo de Ilkley (1987)

CADA VEZ MÁS EXTRAÑO. A finales de la década de 1960, una corriente de pensamiento consideraba que la ufología como estudio científico era una pérdida de tiempo, y que resultaba inútil obsesionarse en encontrar pruebas empíricas.

LA ABDUCCIÓN DE HICKSON Y PARKER

La tarde del 11 de octubre de 1973 hacía un tiempo perfecto para pescar a orillas del río Pascagoula, en Misisipi. Allí se encontraban los residentes de la zona Charles Hickson y Calvin Parker alrededor de las 21:00, sentados en un embarcadero de la orilla oeste del río con los sedales en el agua, cuando ambos oyeron de repente un zumbido a sus espaldas. Sobresaltados, se dieron la vuelta y descubrieron un objeto brillante con forma de huevo que flotaba sobre el suelo a unos diez metros de distancia. Calcularon que medía entre nueve y doce metros de ancho y entre dos metros y medio y tres de alto, y vieron una luz azul brillante en el lado que miraba hacia ellos.

Mientras los dos hombres observaban fijamente el objeto, se abrió una puerta lateral del mismo y tres extraños seres salieron de ella. Según los hombres, los seres medían alrededor de metro y medio, tenían la cabeza en forma de bala, carecían de cuello, tenían la boca abierta y en lugar de ojos y orejas les sobresalían unos finos objetos cónicos. Tenían la piel gris y arrugada, los pies redondos y las manos en forma de garra.

Consternados, Hickson y Parker se dieron cuenta de que no podían moverse ni hablar mientras los seres flotaban en el aire e iban hacia ellos. En ese momento, Parker se desmayó, pero Hickson se mantuvo consciente mientras él y su amigo eran llevados a una sala muy iluminada dentro del objeto, donde fueron sometidos a exámenes médicos antes de devolverlos a la orilla del río.

Aterrorizados, los dos hombres llamaron a la base aérea local, que les remitió al *sheriff* de la zona. Al principio, este no les creyó, pero los hombres se aferraron a su historia, incluso cuando les metieron en una sala cerrada y les interrogaron. Los dos hombres superaron la prueba del polígrafo. Su caso sigue considerándose hoy día uno de los relatos de abducción por parte de un ovni mejor documentados.

VÉASE TAMBIÉN: La abducción de Vilas-Boas (1957), La abducción de Barney y Betty Hill (1961), La abducción en Emilcin (1978), El encuentro de Zanfretta (1978), El encuentro de la familia Knowles (1988), La abducción de los Cahill (1993)

A ORILLAS DEL PASCAGOULA. Dos humildes pescadores fueron objeto de lo que muchos consideran uno de los casos de aparición mejor documentados.

EL MISTERIO DEL
GANADO MUTILADO

Hace mucho tiempo que se producen muertes misteriosas de ganado en todo el mundo. Hay libros antiguos de sucesos extraños que recogen muchos ejemplos, algunos de los cuales se remontan a siglos atrás, y Charles Fort incluyó muchos casos de Gran Bretaña en sus libros de acontecimientos extraños. La primera conexión entre estos espantosos sucesos y los ovnis tuvo lugar en 1967, cuando la muerte de Snippy, un caballo de Alamosa, Colorado, saltó a los medios de comunicación. Sin embargo, no fue hasta 1973 cuando la mutilación de ganado se convirtió en uno de los temas principales de la evolución del fenómeno ovni.

El 4 de diciembre de ese año, las fuerzas del orden de Kansas y Nebraska informaron de una oleada de muertes de ganado en once condados de ambos estados. Un total de treinta y ocho animales fueron asesinados y mutilados. Parecían haber sido desangrados y se les habían extirpado los órganos sexuales. Algunos fueron encontrados en extrañas circunstancias, por ejemplo, tirados en un campo sin huellas que condujeran al cadáver, como si hubieran caído del aire.

Las mutilaciones continuaron al año siguiente. Algunos testigos informaron de que se habían visto helicópteros negros no identificados sobrevolando la zona, iluminando con focos los campos donde más tarde se encontraron animales mutilados. Otros informaron de la presencia de objetos no identificados en el aire que hacían lo mismo. Cada año que seguía se producían más casos, lo que provocó el pánico de los medios de comunicación.

A partir de 1979, una investigación gubernamental encabezada por el agente del FBI Kenneth Rommel estudió las denuncias y publicó un informe en 1980 en el que insistía en que todo el ganado había muerto de forma natural y que las afirmaciones sobre la alta extrañeza que rodeaba a las mutilaciones eran exageradas. Muchos ganaderos locales, así como investigadores civiles, rechazaron la explicación. Todavía se encuentran reses mutiladas de vez en cuando en América del Norte y del Sur, así como en Australia, un misterio más que puede o no estar relacionado con los ovnis.

VÉASE TAMBIÉN: *El libro de los condenados* (1919), El encuentro de Marius Dewilde (1954), El auge de la alta extrañeza (1969)

¡MUUU! Aunque el informe oficial decía que todas las reses mutiladas habían muerto por causas naturales, muchos creen lo contrario.

LOS CONTACTOS DE BILLY MEIER

Aunque el gran boom de los ovnis de la década de 1970 comportó muchas novedades, el fenómeno mantuvo también muchos de sus hábitos más antiguos, y entre ellos se encontraba una abundante cosecha de contactados en la línea de George Adamski. Quizá el más pintoresco de los contactados de la década de 1970 fue Eduard «Billy» Meier. Nacido en Suiza, tuvo una juventud problemática, pasó un tiempo en prisión por una serie de delitos menores y perdió el brazo izquierdo en un accidente de autobús en Turquía a finales de la veintena. El apodo de «Billy» se lo puso un amigo estadounidense que lo comparaba con Billy el Niño.

Según Meier, sus contactos con inteligencia extraterrestre comenzaron en 1942, cuando tenía cinco años. En esta época se hizo amigo de un anciano extraterrestre humanoide de las Pléyades llamado Sfath. Posteriormente se produjeron otros contactos hasta 1964, cuando cesaron durante un tiempo. En 1975, Semjase, la nieta de Sfath, inició un nuevo ciclo de contactos y comenzó a transmitirle enseñanzas espirituales. Un pleyadiano, Ptaah, empezó a interactuar con Meier poco después, y otros alienígenas le siguieron. Nada de esto fue accidental, según el relato de Meier, porque su alma se había encarnado previamente en una serie de grandes profetas, incluidos Moisés y Jesús.

Meier respaldó sus afirmaciones con fotos de naves pleyadianas en forma de platillo e imágenes de algunos de sus contactos pleyadianos. Los escépticos sostienen que las fotos de los platillos son maquetas y que las pleyadianas son actrices menores de Hollywood fotografiadas en programas de televisión. Nada de esto impidió a Meier encontrar un público ávido de sus historias y enseñanzas espirituales. Su organización, la Comunidad Libre de Intereses para las Ciencias Fronterizas y Espirituales y Estudios Ufológicos, tiene sede en Suiza y cuenta con una clientela internacional. Numerosos libros y una película han relatado sus historias de contactos con extraterrestres.

VÉASE TAMBIÉN: Comienza la era de los contactados (1952), La convención de Giant Rock (1953), El día mundial del contacto (1953), *Cuando las profecías fallan* (1954), Los suicidios de Heaven's Gate (1997)

¿AMIGO DE LOS PLEYADIANOS? Eduard «Billy» Meier, experto en ovnis, en una fotografía de 1976.

LOS AVISTAMIENTOS DE TEHERÁN

La madrugada del 19 de septiembre de 1976, cuatro personas de Teherán, la capital de Irán, informaron haber visto un objeto brillante en el cielo. Las fuerzas aéreas iraníes enviaron un caza F-4 para investigar. El teniente Yaddi Nazeri, piloto del avión, avistó el objeto y se dirigió hacia él, pero cuando llegó al rango de alcance del mismo, todos los instrumentos y el sistema de comunicaciones del avión dejaron de funcionar de repente. El piloto cambió el rumbo y el sistema volvió a funcionar.

Cuando regresó a la base para informar de lo sucedido, se envió otro F-4, con el comandante del escuadrón, el comandante Parviz Jafari, a los mandos. Según su descripción, el objeto tenía forma de diamante y estaba iluminado con luces rojas, verdes, naranjas y azules tan brillantes que no podía distinguir bien la silueta. Estimó que era del mismo tamaño que un Boeing KC-135 Stratotanker. A cuarenta y tres millas del objetivo, su radar lo localizó, pero en ese momento el equipo de comunicaciones del avión de Jafari se apagó.

Poco después, una esfera brillante salió del objeto y se acercó al avión de Jafari a gran velocidad. Jafari intentó lanzar un misil contra el objeto, pero su panel de control de armas se apagó. La esfera pasó de largo del avión de Jafari, y este se alejó del objeto. Cuando se restablecieron las comunicaciones, se le ordenó volver a la base. Al abandonar la zona, vio cómo el objeto original enviaba otra esfera brillante hacia el suelo, donde produjo un destello. Los residentes de la zona dijeron haber visto tal destello durante la noche.

El gobierno iraní, entonces aliado de Estados Unidos, envió un informe al ejército norteamericano, que desde entonces ha permanecido desclasificado. Los negacionistas insistieron en que los experimentados pilotos implicados en el incidente habían visto el planeta Júpiter, y que los fallos de comunicaciones y armamento se produjeron al mismo tiempo por pura coincidencia. Como es lógico, a muy pocos les pareció convincente.

VÉASE TAMBIÉN: Ovnis sobre Washington, D. C. (1952), Incidente en Manises (1979), La noche de los ovnis (1986), El incidente Tic Tac (2004)

LA PERSECUCIÓN DE JAFARI. El comandante Parviz Jafari fue enviado a perseguir un objeto no identificado.

LA ABDUCCIÓN EN EMILCIN

1978

Jan Wolski era un granjero normal y corriente, de setenta años, que vivía y trabajaba en el pueblo de Emilcin, en Polonia. En la mañana del 10 de mayo de 1978, conducía un carro tirado por caballos a las afueras del pueblo cuando dos seres humanoides vestidos con atuendos de color negro grisáceo saltaron a bordo del carro. Los seres medían aproximadamente metro y medio y tenían la piel verde, los pómulos altos y los ojos rasgados. Hablaban entre ellos en un idioma desconocido para Wolski y le indicaron con gestos que condujera hasta un claro del bosque cercano.

Allí, el asombrado granjero vio un objeto blanco del tamaño de un autobús que flotaba a unos cinco metros del suelo. Una plataforma descendió de la nave y Wolski fue conducido a ella. El interior de la nave era del mismo color negro grisáceo que los atuendos de los seres, y no había más luz que la que entraba por la puerta.

Una vez que Wolski estuvo dentro, las criaturas le hicieron un gesto para que se quitara la ropa y le examinaron con un instrumento que parecían dos platillos uno al lado del otro. Después le hicieron señas para que se vistiera y le ofrecieron algo parecido a un carámbano para comer, pero él lo rechazó.

Finalmente, los seres devolvieron a Wolski a su carro. Se dirigió a su casa lo más rápido que pudo y contó a su familia lo sucedido. Él y una multitud de familiares y vecinos regresaron al claro. La nave había desaparecido, pero la hierba estaba aplastada en todas direcciones, como si la hubieran pisado. Los investigadores descubrieron más tarde que un niño de la zona había visto algo parecido a un autobús sobrevolando un granero cercano y luego elevándose hacia el cielo. Más adelante, en 2005, se construyó un monumento en el claro para conmemorar el avistamiento de ovnis más famoso de Polonia.

VÉASE TAMBIÉN: La abducción de Vilas-Boas (1957), La abducción de Barney y Betty Hill (1961), La abducción de Hickson y Parker (1973), El encuentro de Zanfretta (1978), El encuentro de la familia Knowles (1988), La abducción de los Cahill (1993)

LA ABDUCCION POLACA MAS FAMOSA. El monumento al ovni de Emilcin, en la foto, consiste en un cubo metálico en equilibrio sobre una roca.

LA DESAPARICIÓN DE VALENTICH

Frederick Valentich era un piloto australiano. A los veinte años, todavía estaba en formación como miembro del Cuerpo de Instrucción Aérea de la Real Fuerza Aérea Australiana, pero contaba con 150 horas de vuelo y ya había obtenido una habilitación instrumental de clase cuatro, lo que le permitía realizar vuelos nocturnos. La tarde del 21 de octubre de 1978, despegó del aeropuerto de Moorabbin, cerca de Melbourne, en un avión Cessna 182L, con la intención de volar desde allí hasta el cabo Otway y luego a través del estrecho de Bass hasta King Island, una distancia total de unos 200 kilómetros.

A las 19:06, llamó por radio al control de tráfico aéreo de Melbourne para decirles que le seguía un avión no identificado a mil pies por encima de él. No reconoció el tipo de avión, pero dijo que tenía cuatro luces de aterrizaje brillantes. El controlador aéreo le dijo que no había tráfico conocido a ese nivel. Valentich informó entonces de que la otra aeronave se estaba acercando a su avión y parecía estar jugando deliberadamente con él; también informó de problemas inexpli-

cables en el motor. Dijo que la aeronave tenía una superficie metálica y una luz verde brillante en la parte inferior. Las últimas palabras recibidas por el control de tráfico aéreo en Melbourne fueron: «No es un avión». A continuación, se oyó un ruido no identificado descrito como «sonidos metálicos y raspantes», y después se perdió todo contacto.

Una misión de búsqueda inmediata en la que participaron barcos y aviones militares y civiles rastreó el estrecho de Bass durante los cinco días siguientes, pero no se encontró ningún rastro de Valentich ni de su avión. Cinco años más tarde, una aleta del capó del motor que podría proceder del Cessna apareció en la isla Flinders, muy al este. Nunca más se supo nada de Frederick Valentich. Investigadores de ovnis y escépticos han propuesto varias explicaciones para su desaparición, pero aún no han aparecido pruebas concluyentes y el caso sigue sin resolverse.

VÉASE TAMBIÉN: El incidente Mantell (1948)

DESAPARECIDO SIN DEJAR RASTRO. La última vez que se supo del piloto Frederick Valentich, en la foto, fue durante un vuelo desde Melbourne.

EL ENCUENTRO DE ZANFRETTA

Pier Zanfretta era un vigilante nocturno de veintiséis años en la ciudad de Torriglia, cerca de Génova (Italia). En la fría noche del 6 de diciembre de 1978, se dirigía en coche a una casa desocupada que le habían encargado vigilar. Cuando se acercaba a su destino, el motor, la radio y las luces del coche se apagaron de repente y vio cuatro luces moviéndose en el patio de la casa. Salió del coche, sacó su revólver y una linterna, y fue a investigar.

De repente, algo le tocó el hombro. Se dio la vuelta y se encontró ante una criatura verde de tres metros de altura y enormes ojos amarillos. Aquello fue demasiado para Zanfretta, que se dio la vuelta y echó a correr. Detrás de él, una enorme forma triangular resplandeciente surgió de detrás de la casa, mientras otras criaturas como la primera le perseguían e intentaban agarrarlo. Cuando llegó al coche, la radio volvía a funcionar y llamó a la empresa de seguridad en la que trabajaba. El operador de radio declaró más tarde que Zanfretta se había mostrado confuso e incoherente. Cuando el operador intentó que Zanfretta describiera a los «hombres» que le perseguían, el vigilante gritó: «¡No, no son hombres, no son hombres!». Entonces la radio enmudeció.

Enseguida enviaron otra patrulla. Cuando llegaron, encontraron a Zanfretta tendido en el suelo delante de la casa, conmocionado. Llamaron a las autoridades, que encontraron dos marcas en forma de herradura en la nieve, de dos metros y medio de ancho, cerca de donde Zanfretta había visto elevarse el objeto brillante. Los investigadores también encontraron a cincuenta y dos personas en Torriglia que habían visto un objeto brillante cerca de la casa donde tuvo lugar el encuentro. Los médicos examinaron a Zanfretta, que estaba muy alterado pero completamente lúcido. A lo largo de los tres años siguientes, Zanfretta experimentó diez abducciones más. Su experiencia sigue siendo uno de los casos de abducción por extraterrestres más destacables de los que se tiene constancia.

VÉASE TAMBIÉN: La abducción de Vilas-Boas (1957), La abducción de Barney y Betty Hill (1961), La abducción de Hickson y Parker (1973), La abducción en Emilcin (1978), El encuentro de la familia Knowles (1988), La abducción de los Cahill (1993)

ENCUENTRO EN LIGURIA. Los bosques de Torriglia, en Liguria, podrían haber albergado a un visitante de otro planeta.

ENCUENTRO CERCANO
EN LA COLINA DECHMONT

Mary Taylor estaba horrorizada. El 9 de noviembre de 1979, su marido, Bob, había conducido hasta la colina Dechmont, en West Lothian (Escocia), rodeada de bosque, para sacar a pasear a su perra, Lara. Más tarde, Mary encontró a su esposo en la puerta de su casa, con la ropa llena de barro y desgarrada, y la cara y los muslos raspados y ensangrentados. Dijo que le había atacado una «especie de nave espacial». Mary cogió inmediatamente el teléfono y llamó a la policía y al médico. En las horas siguientes, salió a la luz una historia inquietante.

Bob Taylor había conducido su camioneta hasta un sendero situado en el arcén de una carretera cercana a la autopista M8 y había comenzado a subir con su perra por el camino. A 400 metros, se había encontrado con un objeto metálico en forma de cúpula de unos seis metros de diámetro que flotaba en un claro del bosque. Lo rodeaban un olor como a frenos quemados y dos pequeñas esferas metálicas que a Taylor le recordaron a las minas marinas. De repente, varias esferas se dirigieron hacia donde estaba Taylor y empezaron a arrastrarle hacia el objeto mayor. Un «potente gas» salió de la cúpula y Taylor se desmayó. Cuando recobró el conocimiento, los objetos habían desaparecido y él estaba tendido en el suelo. El motor de la camioneta no arrancaba y tuvo que volver a casa andando.

Dado el estado de Taylor, la policía local trató el incidente como una agresión criminal. En el lugar del incidente encontraron unas extrañas marcas en forma de escalera grabadas en el suelo, como si un objeto de varias toneladas hubiera estado allí. No se encontró ningún rastro que indicara que dicho objeto hubiera entrado o salido del claro. Nunca se ofreció una explicación razonable de los acontecimientos de aquella tarde, y el encuentro de la colina Dechmont sigue siendo el único encuentro con ovnis del que se tiene constancia que fue objeto de una investigación criminal.

VÉASE TAMBIÉN: El encuentro de Marius Dewilde (1954), El misterio de la línea recta (1954), Aterrizaje en Socorro (1964), Encuentro cercano en Vorónezh (1989)

ALGO EXTRAÑO OCURRIÓ AQUÍ. El sendero de los ovnis de Dechmont es un paseo tranquilo de veinte a treinta minutos, marcado por esta placa conmemorativa del encuentro de 1979.

INCIDENTE EN MANISES

1979

La noche del 11 de noviembre de 1979, el vuelo JK-297 de Transportes Aéreos Españoles (TAE) se dirigía de Salzburgo (Austria) a Las Palmas (España) con 109 pasajeros a bordo y el piloto Francisco Javier Lerdo de Tejada a los mandos. El vuelo transcurrió con normalidad hasta las 23:00, cuando la tripulación observó un conjunto de luces rojas que parecían acercarse a la aeronave en rumbo de colisión. El piloto se puso en contacto con el control aéreo de Barcelona, pero ni este ni el radar militar de Torrejón de Ardoz pudieron identificar el origen de las luces.

Para evitar la colisión, Lerdo de Tejada cambió de altitud. Las luces se movieron junto con el avión, pero de repente dejaron de acercarse y permanecieron a medio kilómetro de distancia. En ese momento, el piloto realizó un aterrizaje de emergencia en el aeropuerto de Manises (Valencia, España). Las luces interrumpieron la persecución en cuanto el avión comenzó a descender, pero el radar del aeropuerto captó otros tres objetos más, que fueron avistados por el personal de tierra del aeropuerto.

El ejército del aire español envió un caza Mirage para investigar. El capitán Fernando Cámara, el piloto, vio un objeto que describió como un cono de luz brillante que cambiaba de color. Aceleró a Mach 1,4 para acercarse a aquella cosa, pero entonces el objeto también aceleró y salió disparado más rápido de lo que volaba el avión. El piloto giró para acercarse a un segundo objeto, pero esta vez el sistema electrónico del avión falló de repente. Tras un tercer intento fallido para acercarse al objeto, Cámara regresó a la base. Más tarde, las autoridades españolas afirmaron que todos los implicados habían identificado erróneamente bengalas de una fábrica química lejana y una serie de estrellas y planetas, una explicación que ninguna de las personas presentes en el incidente aceptó.

VÉASE TAMBIÉN: Ovnis sobre Washington, D. C. (1952), Los avistamientos de Teherán (1976), La noche de los ovnis (1986), El incidente Tic Tac (2004)

RUMBO DE COLISIÓN CON... ¿QUÉ? Tras el incidente, el piloto del vuelo JK-297 realizó un aterrizaje de emergencia en el aeropuerto de Manises (Valencia).

ATERRIZAJE EN EL BOSQUE DE RENDLESHAM

El bosque de Rendlesham es una zona boscosa de Suffolk, Inglaterra, cerca del mar del Norte. Limita con dos bases aéreas militares, la RAF Woodbridge, al oeste del bosque, y la RAF Bentwaters, al norte. En 1980, ambas bases estaban en manos de las Fuerzas Aéreas de Estados Unidos (USAF). A las tres de la madrugada del 26 de diciembre de ese año, una patrulla de seguridad de la puerta este de la base aérea de Woodbridge vio unas luces que descendían hacia el bosque de Rendlesham. Creyeron que se trataba de un accidente aéreo, de manera que se mandó rápidamente un equipo de militares al lugar.

En vez de un avión estrellado, se encontraron con un gran objeto triangular que emitía una luz blanca brillante que iluminaba todo el bosque. Cuando se acercaron al objeto, este se alejó entre los árboles, mientras el ganado de una granja cercana entraba en un estado de frenesí y agitación. Los hombres regresaron rápidamente a la base. A la luz del día volvieron al lugar, donde encontraron marcas de quemaduras y ramas rotas en los árboles y tres hundimientos en el suelo, posibles marcas del tren de aterrizaje.

El 28 de diciembre, el teniente coronel Charles Halt, comandante adjunto de la base de Woodbridge, acudió al lugar con un equipo de investigación. Un medidor de radiaciones detectó un aumento de la radiactividad en la zona del aparente aterrizaje y también en otra pequeña zona a menos de un kilómetro de distancia. Al caer la noche, Halt y sus hombres vieron una «luz roja similar a la del sol» que irradiaba desde el lugar del aterrizaje. La luz se dividió en cinco objetos blancos y desapareció.

En esto coinciden la mayoría de las fuentes. Se han hecho muchas declaraciones sobre lo que pudo ocurrir aquella noche en el bosque de Rendlesham. A este caso se le ha llamado «el Roswell británico» y, al igual que el de la colisión de Roswell, se ha convertido en el centro de muchas versiones contrapuestas y afirmaciones contradictorias en la bibliografía escéptica y sobre ovnis.

VÉASE TAMBIÉN: El accidente de Aurora (1897), El acontecimiento de Tunguska (1908), El accidente de Roswell (1947), El accidente de Kecksburg (1965), El accidente en Shag Harbour (1967), El accidente de Megaplatanos (1990), Encuentros cercanos en Varginha (1996)

RÉPLICA A TAMAÑO REAL. El sendero de los ovnis del bosque de Rendlesham acoge esta maqueta basada en lo que el personal de la USAF afirmó haber visto.

EL ENCUENTRO DE CASH Y LANDRUM

Cuando Betty Cash vio la luz por primera vez, pensó que se trataba de otro avión de pasajeros que aterrizaba en el Aeropuerto Internacional de Houston, a cincuenta y seis kilómetros de distancia, y no le dio más importancia. Conducía hacia su casa en Dayton, Texas, con su amiga Vickie Landrum y Colby, el nieto de Landrum. Eran alrededor de las 20:30 de la noche del 29 de diciembre de 1980.

Pocos minutos después, los tres ocupantes del coche se dieron cuenta de que no reconocían el objeto. Era metálico y de color gris, y tenía forma de diamante. Asimismo, era varias veces más grande que un coche, tenía las partes superior e inferior achatadas y un anillo de intensas luces azules rodeaba la zona central. A intervalos, salían llamas de la parte inferior que salpicaban la calzada. El objeto se balanceaba arriba y abajo, elevándose cuando salían las llamas y descendiendo cuando se detenían.

Cash detuvo el coche y los tres se bajaron para contemplarlo. Landrum, que era una cristiana devota, al principio pensó que se estaba produciendo la segunda venida y que Jesucristo saldría en breve del objeto resplandeciente. Su nieto, aterrorizado, le suplicó que volviera al coche y al cabo de un momento ella accedió. Cash se quedó fuera observando aquel extraño aparato durante algunos minutos. Cuando volvió al coche, la manilla de la puerta estaba tan caliente que tuvo que envolverse la mano con el abrigo para no quemarse. Siguió conduciendo una vez que el objeto se hubo alejado, y ella y los otros dos observaron cómo una pequeña flota de helicópteros —veintitrés en total— seguían al objeto y lo escoltaban mientras volaba.

En las horas siguientes, los tres testigos sufrieron náuseas y vómitos, así como enrojecimiento y ampollas en la piel que había estado expuesta al objeto. Los síntomas de Cash fueron tan graves que tuvo que ser hospitalizada. Los oficiales militares de la zona negaron tener conocimiento de ello, pero varios testigos más vieron los helicópteros en masa esa misma noche.

VÉASE TAMBIÉN: Avistamientos en Stephenville (2008)

¿LA SEGUNDA VENIDA? Vickie Landrum habla del ovni que ella, su nieto de siete años y una amiga, Betty Cash, vieron en 1980 cuando regresaban a Dayton, Texas, después de jugar al bingo.

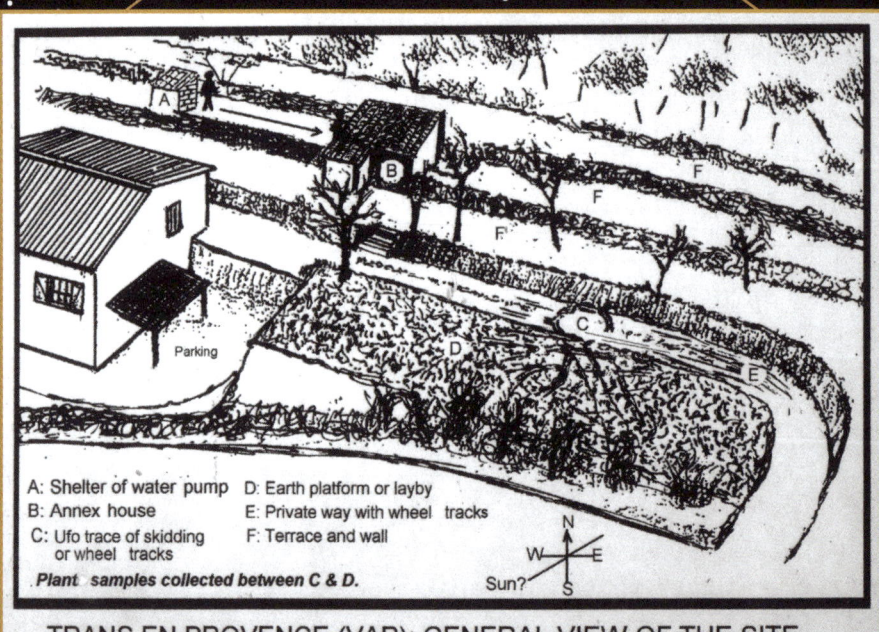

A: Shelter of water pump D: Earth platform or layby
B: Annex house E: Private way with wheel tracks
C: Ufo trace of skidding F: Terrace and wall
   or wheel tracks
Plant samples collected between C & D.

N
W—E
S
Sun?

TRANS EN PROVENCE (VAR): GENERAL VIEW OF THE SITE

ATERRIZAJE EN TRANS-EN-PROVENCE

El 8 de enero de 1981, Renato Nicolaï, un agricultor de cincuenta y cinco años de la ciudad de Trans-en-Provence, en el sur de Francia, comenzó un día normal de trabajo. Hacia las 17:00, sin embargo, oyó un silbido inusual y vio un objeto metálico en forma de platillo que aterrizaba en un campo colina abajo del lugar donde se encontraba, a unos cincuenta metros de él. Calculó que medía unos dos metros y medio de diámetro y metro y medio de grosor. El objeto se elevó casi tan pronto como tocó tierra y se alejó hacia el noreste, dejando aparentes marcas de quemaduras en el suelo.

Hasta aquí, se trataba de un caso de ovnis similar a decenas de otros que tuvieron lugar en todo el mundo durante las décadas de 1970 y 1980. Sin embargo, lo que lo diferenció fue la minuciosidad de la investigación posterior. Al día siguiente del avistamiento, Nicolaï acudió a la gendarmería local, que entrevistó al granjero, tomó fotos del lugar y recogió muestras del suelo del campo donde había aterrizado el platillo. La GEPAN, la agencia gubernamental francesa encargada de investigar los ovnis, se implicó de inmediato en el caso.

Los investigadores descubrieron que el suelo donde había aterrizado el platillo había sido comprimido por un peso de entre cuatro y cinco toneladas y calentado a una temperatura de entre 300 °C y 550 °C. Se encontraron en el suelo trazas inesperadas de fosfato y zinc, y la alfalfa recogida en el lugar del aterrizaje presentaba una inexplicable reducción de los niveles de clorofila de entre el treinta y el cincuenta por ciento. La investigación no logró encontrar ninguna explicación ordinaria a estos fenómenos. El caso de Trans-en-Provence ha sido calificado como el avistamiento de ovnis mejor documentado de todos los tiempos. Sin embargo, el propio Nicolaï no creía que lo que había visto procediera del espacio exterior, sino que se trataba de un proyecto militar secreto francés.

VÉASE TAMBIÉN: Encuentro cercano en Vorónezh (1989)

UN SUCESO BIEN DOCUMENTADO. Esta representación gráfica muestra el lugar de una visita de un ovni en Trans-en-Provence (Francia).

EL CASO PAUL BENNEWITZ

Paul Bennewitz era un experto en electrónica de Albuquerque, Nuevo México, que se interesó por el fenómeno ovni en la década de 1970. En 1979, comenzó a observar y filmar luces extrañas y a detectar señales de radio inusuales sobre la base aérea de Kirtland. Pensó que se trataba de ovnis e informó a las autoridades de la base. Como respuesta, le invitaron a informar a varios miembros de las fuerzas aéreas sobre lo que había visto.

Lo que Bennewitz no sabía es que, sin darse cuenta, estaba husmeando en algunos de los activos más secretos de Estados Unidos. Kirtland alberga instalaciones de más de 150 agencias federales, incluida la supersecreta Agencia de Seguridad Nacional. A partir de 1981, según múltiples testimonios, la Oficina de Investigaciones Especiales (OSI) de las Fuerzas Aéreas empezó a suministrar deliberadamente a Bennewitz información falsa sobre ovnis. Dos investigadores de ovnis que también eran activos encubiertos de la OSI (J. Allen Hynek y Bill Moore) fueron reclutados para ayudar en este proyecto.

Según el material que recibió Bennewitz, unos alienígenas de piel gris procedentes de Zeta Reticuli (denominados «grises») tenían una base subterránea cerca de Dulce, Nuevo México, donde traían partes del cuerpo de ganado mutilado y secuestraban humanos para realizar extraños experimentos genéticos. Los conflictos entre los alienígenas y el gobierno estadounidense desembocaron en un violento enfrentamiento en la base de Dulce en 1979, que ganaron los alienígenas. A partir de entonces, el gobierno estadounidense y otras potencias mundiales intentaron encontrar alguna forma de impedir que la Tierra fuera conquistada por los grises.

A medida que esta narrativa se volvía más paranoica, también lo hacía Bennewitz, que fue internado durante un tiempo en 1988 y abandonó por completo la investigación sobre ovnis a partir de entonces. Hasta después de su muerte, en 2003, no quedó claro el alcance de la campaña de desinformación contra él.

VÉASE TAMBIÉN: Área 51 (1955), Los documentos del Majestic-12 (1984), John Lear y la conspiración acerca de los ovnis (1987), Las revelaciones de Bob Lazar (1989), Los documentos del planeta Serpo (2005)

MENSAJES DE LOS GRISES. Durante su estancia en la base aérea de Kirtland (en la foto), el experto en electrónica Paul Bennewitz captó transmisiones que más tarde se reveló que habían sido fabricadas por la OSI.

EL BUMERÁN DE WESTCHESTER

1983

Bill Durkin no podía creer lo que veía. Camionero de profesión, se dirigía al oeste por la interestatal 84 en el valle del río Hudson, en Nueva York, la noche del 17 de marzo de 1983. Hacia las 20:30, cuando pasaba por la ciudad de Brewster, vio un grupo de luces en el aire que se acercaba a la autopista desde el sur. Los coches a su alrededor empezaron a moverse de forma errática y los conductores decidían aparcar el vehículo en el arcén para observar lo que ocurría. Durkin hizo lo mismo.

Al principio, pensó que era un avión comercial volando demasiado cerca del suelo, pero se dio cuenta de que se movía demasiado despacio para ser un avión convencional. Se bajó y contempló cómo un enorme objeto triangular del tamaño de un campo de fútbol cruzaba la autopista. Era de color negro liso, pero estaba adornado con luces de varios colores. Cuando pasó volando en silencio, Durkin distinguió lo que parecía un armazón bajo la nave que sujetaba las luces. Pasaron unos minutos hasta que el objeto, que se movía a una velocidad no muy superior a la de la marcha, desapareció de la vista en dirección noreste.

Este fue el primero de docenas de avistamientos del objeto que los medios de comunicación etiquetaron como el «bumerán de Westchester», en honor al condado en el que fue visto por primera vez. Durante toda la primavera, verano y principios del otoño de 1983, desfiló por los cielos del valle del río Hudson y repitió las actuaciones durante el mismo periodo de 1984. Las autoridades locales insistieron en que se trataba simplemente de un grupo de aviones ultraligeros volando en formación, una explicación que pocos testigos aceptaron.

Sin embargo, la aparición del bumerán marcó un cambio importante en el fenómeno. Mientras que la mayoría de los ovnis son vistos por individuos o pequeños grupos de personas, el bumerán fue observado por miles de personas. Fue el primero y uno de los más famosos de los «triángulos negros» que se convirtieron en una parte central de la experiencia ovni en las décadas de 1980 y 1990.

VÉASE TAMBIÉN: Triángulos negros sobre Bélgica (1989), Los avistamientos en Tinley Park (2004)

TRIÁNGULOS NEGROS. ¿Qué era el bumerán de Westchester? ¿Un FANI o un avión ultraligero?

SUBJECT: OPERATION MAJESTIC-12 PRELIMINARY BRIEFING FOR PRESIDENT-ELECT EISENHOWER.

DOCUMENT PREPARED 18 NOVEMBER, 1952.

BRIEFING OFFICER: ADM. ROSCOE H. HILLENKOETTER (MJ-1)

NOTE: This document has been prepared as a preliminary briefing only. It should be regarded as introductory to a full operations briefing intended to follow.

• • • • • •

OPERATION MAJESTIC-12 is a TOP SECRET Research and Development/ Intelligence operation responsible directly and only to the President of the United States. Operations of the project are carried out under control of the Majestic-12 (Majic-12) Group which was established by special classified executive order of President Truman on 24 September, 1947, upon recommendation by Dr. Vannevar Bush and Secretary James Forrestal. (See Attachment "A".) Members of the Majestic-12 Group were designated as follows:

        Adm. Roscoe H. Hillenkoetter
        Dr. Vannevar Bush
        Secy. James V. Forrestal*
        Gen. Nathan F. Twining
        Gen. Hoyt S. Vandenberg
        Dr. Detlev Bronk
        Dr. Jerome Hunsaker
        Mr. Sidney W. Souers
        Mr. Gordon Gray
        Dr. Donald Menzel
        Gen. Robert M. Montague
        Dr. Lloyd V. Berkner

The death of Secretary Forrestal on 22 May, 1949, created a vacancy which remained unfilled until 01 August, 1950, upon which date Gen. Walter B. Smith was designated as permanent replacement.

65-811110-1

• • • • • • • • •
* TOP SECRET *

LOS DOCUMENTOS
DEL MAJESTIC-12

E l sobre no tenía remitente y llevaba matasellos de Albuquerque. Llegó sin previo aviso al buzón de Jaime Shandera, un investigador de ovnis afincado en Los Ángeles, el 11 de diciembre de 1984. En su interior había un rollo de película de 35 mm sin revelar. Cuando lo reveló, resultó contener imágenes de ocho páginas mecanografiadas: supuestamente, un documento informativo preparado tras las elecciones de 1952 para el presidente electo Dwight Eisenhower, en el que se le informaba del secreto de los ovnis.

Según el documento, el Gobierno estadounidense había recuperado los restos de dos platillos voladores accidentados y los cuerpos de cuatro extraterrestres humanoides. El presidente Truman emitió entonces una orden ejecutiva por la que se creaba un comité secreto denominado Majestic-12 (MJ-12), para investigar la presencia alienígena. Shandera y otro investigador, William Moore, encontraron más adelante un documento en los Archivos Nacionales que parecía corroborar la información del MJ-12. Los documentos circularon en privado en la comunidad de investigadores de ovnis hasta 1987, cuando el investigador británico Timothy Good recibió otra copia y la hizo pública, lo que desató una tormenta mediática.

Muchos investigadores que examinaron los documentos afirmaron que eran falsificaciones y señalaron varios problemas considerables. Por ejemplo, la firma de Truman en la orden ejecutiva parecía haber sido pegada a partir de una fotocopia de otro memorando auténtico; los documentos utilizaban palabras y expresiones (como «medios» para referirse a la prensa y la radio) que nadie usaba en 1952; y el formato de la fecha, la clasificación de seguridad y el nombre en clave asignados al proyecto infringían las prácticas militares y gubernamentales de la época. Sin embargo, los documentos hacen referencia a detalles oscuros sobre el funcionamiento interno de la administración Truman y el Departamento de Defensa de EE. UU. que pocos conocían en 1984. ¿Fue un engaño ordinario o se trató de desinformación desde dentro del gobierno estadounidense?

VÉASE TAMBIÉN: Área 51 (1955), El caso Paul Bennewitz (1982), John Lear y la conspiración acerca de los ovnis (1987), Las revelaciones de Bob Lazar (1989), Los documentos del planeta Serpo (2005)

LAS PREGUNTAS PERDURAN. Puede que estos documentos de 1952 no fueran documentos oficiales del gobierno, pero las especulaciones sobre su origen siguen vigentes.

LA NOCHE DE LOS OVNIS

La noche del 19 de mayo de 1986 transcurría como siempre en el aeropuerto de Saõ José dos Campos, en el estado brasileño de Saõ Paulo. Sin embargo, a las 20:15, el controlador aéreo Sérgio Mota da Silva observó tres luces rojas brillantes sobrevolando el aeropuerto. Cogió unos prismáticos y miró más de cerca. Mientras observaba, las luces cambiaban de color, volviéndose amarillas, verdes y naranjas. Suponiendo que se trataba de una ilusión óptica, atenuó las luces de la pista, pero los objetos se acercaron a ella. Cuando volvió a encender las luces al máximo, los objetos se alejaron.

No fue la única persona que vio algo extraño en el cielo de Saõ José dos Campos. Los operadores de radar del aeropuerto internacional de Guarulhos, a ochenta kilómetros de distancia, detectaron objetos desconocidos en la zona en el momento del avistamiento inicial. Mientras tanto, el coronel Ozires Silva, fundador de la empresa aeroespacial brasileña Embraer, volaba de regreso a Saõ José dos Campos desde Brasilia. Estaba a los mandos de su avión cuando vio las luces a las 21:08 e intentó acercarse a ellas. Las luces se desviaron y se dispersaron.

A las 21:39, las fuerzas aéreas brasileñas fueron alertadas y aviones de combate despegaron de las bases de Santa Cruz y Anápolis poco después. Tres pilotos establecieron contacto visual con luces desconocidas en el cielo, pero las luces superaron fácilmente a los cazas. Un piloto, a los mandos de un Mirage IIIe supersónico, se acercó a menos de tres kilómetros de una luz, pero esta zigzagueó a gran velocidad y luego se alejó a una velocidad que el piloto estimó en Mach 15.

Los archivos de las fuerzas aéreas brasileñas sobre el encuentro fueron desclasificados en 2009. Nunca se ofreció una explicación de los fenómenos avistados aquella noche.

VÉASE TAMBIÉN: Ovnis sobre Washington, D. C. (1952), Los avistamientos de Teherán (1976), Incidente en Manises (1979), Avistamiento desde el aeropuerto de O'Hare (2006)

«RECEBEMOS VÁRIOS RELATOS DE AVISTAMENTOS DE ÓVNIS». En esta foto aparece la manga de un piloto con una insignia de Brasil.

AVISTAMIENTO DESDE EL VUELO 1628

El vuelo 1628 de Japan Air Lines era un vuelo de carga rutinario de París a Tokio que seguía una ruta ortodrómica que le llevaba sobre los bordes septentrionales de Norteamérica. El 17 de noviembre de 1986, el capitán Kenji Terauchi estaba a los mandos del avión de carga Boeing 747. A las 17:11 hora local, cruzando el este de Alaska a 35 000 pies de altitud, avistó tres objetos brillantes que seguían el ritmo de su avión. Dos de ellos eran pequeños, pero el tercero era gigantesco, el doble del tamaño de un portaaviones. Señaló los objetos a los otros dos miembros de la tripulación, que también los vieron.

Cuando hacía seis minutos que los veían, llamó por radio al aeropuerto de Anchorage, su siguiente escala prevista, para pedir consejo. Los funcionarios le aconsejaron que tomara medidas evasivas. Bajó la altitud y voló en círculos. Los tres objetos siguieron al avión en los giros. Mientras tanto, el radar del aeropuerto de Anchorage captó un objeto cerca del 747, y los radares militares de la misma zona detectaron varias imágenes de radar. Los objetos continuaron siguiendo al avión de Terauchi durante 650 kilómetros antes de desaparecer. Cuando el vuelo 1628 aterrizó en Anchorage, él y los demás miembros de la tripulación fueron entrevistados por investigadores de la Administración Federal de Aviación (FAA), que los describieron como individuos «normales, profesionales y racionales», y a los que no hallaron indicios de consumo de drogas o alcohol.

Este avistamiento tuvo lugar en plena campaña negacionista de los años ochenta. Como era de esperar, los que pretendían desacreditar los ovnis rivalizaron entre sí para justificar los objetos avistados, e insistieron en que Terauchi y los demás miembros de la tripulación debían de haber confundido de algún modo los planetas Venus y Júpiter con un objeto del doble de tamaño que un portaaviones, y afirmaron que las imágenes de radar detectadas por los radares civiles y militares eran «interferencias». Nunca se ofreció una explicación más plausible para la aparición de esos objetos.

VÉASE TAMBIÉN: El avistamiento de Chiles-Whitted (1948), El avistamiento de Nash-Fortenberry (1952), Avistamiento en Alderney (2007)

«NORMALES, PROFESIONALES Y RACIONALES». Aunque la FAA consideró que Kenji Terauchi y su tripulación eran creíbles, quitaron importancia al avistamiento en esta conferencia de prensa en Anchorage, Alaska, el 5 de marzo de 1987.

COMMUNION
A TRUE STORY

WHITLEY
STRIEBER

author of TRANSFORMATION

COMUNIÓN

La imagen de la cubierta se grabó a fuego en el imaginario colectivo del mundo moderno: un ser extraterrestre de enormes ojos negros almendrados, barbilla puntiaguda y nariz y boca diminutas. El libro *Comunión: Una historia verdadera*, de Whitley Streiber, fue el primer título relacionado con ovnis que apareció en la lista de los más vendidos del *New York Times*, donde permaneció seis meses. Su popularidad marcó un cambio crucial en la narrativa sobre los ovnis en Estados Unidos y en todo el mundo.

En aquella época, Whitley Streiber era más conocido como escritor de terror. Según su relato, en 1985 experimentó en varias ocasiones cómo seres extraterrestres le sacaban de su cabaña familiar en los Catskills. Una serie de sesiones de hipnoterapia en 1986, bajo la supervisión del investigador de ovnis Budd Hopkins, descubrió una cascada de *flashbacks* de reiteradas experiencias de abducción en las que había sido sometido a experimentos médicos y sexuales por parte de extraterrestres. Todo ello, escrito en una vívida prosa novelística, pasó a las páginas de *Comunión*.

Los resultados recordaban de un modo curioso a las secuelas de los relatos de «deros»

de Richard Shaver. Cientos de miles de personas escribieron a Streiber para relatar sus propias historias de abducción por parte de alienígenas de ojos enormes. Los escépticos aprovecharon su oportunidad poniendo pegas a las afirmaciones de *Comunión* y sugiriendo que Streiber simplemente había encontrado una forma más lucrativa de comercializar su ficción de terror. Mientras tanto, otros abducidos e investigadores de ovnis, como Budd Hopkins, se enfadaron ante la sugerencia de Streiber de que la experiencia de la abducción podía tener una dimensión positiva.

Streiber escribió cinco libros más sobre sus encuentros con alienígenas, ninguno de ellos con tanto éxito comercial como *Comunión*, y se convirtió en una figura importante de los medios de realidades alternativas. Tras *Comunión*, la abducción por parte de alienígenas pasó a formar parte de la cultura popular.

VÉASE TAMBIÉN: *El libro de los condenados* (1919), *El misterio de Shaver* (1945), *Cuando las profecías fallan* (1954), *Recuerdos del futuro* (1968), *He aquí un caballo pálido* (1991)

REVELADO BAJO HIPNOTERAPIA. El inquietante rostro de la cubierta de *Comunión*, de Whitley Strieber, recrea el recuerdo recuperado por el escritor tras varias sesiones de hipnoterapia.

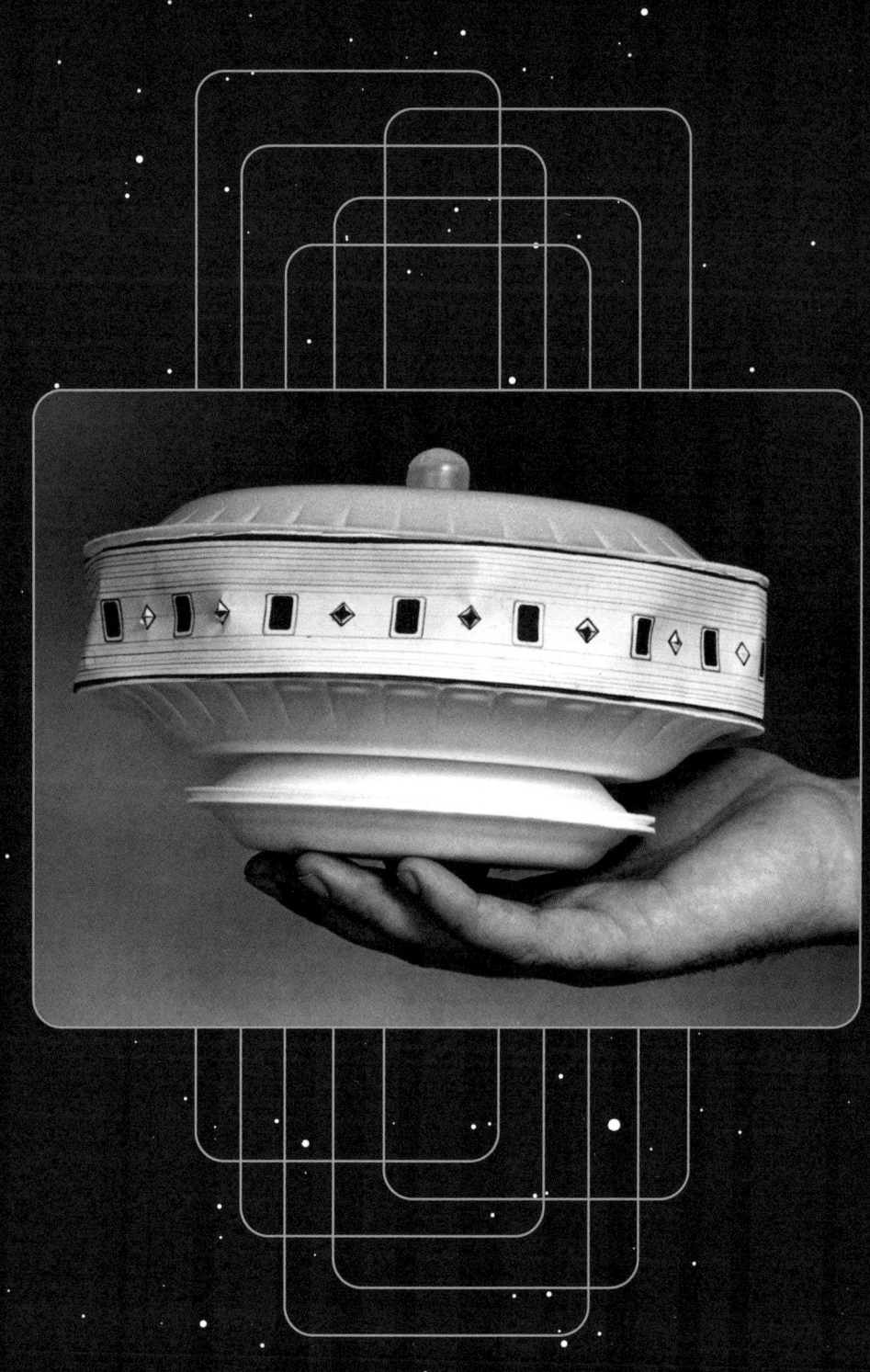

LOS ENCUENTROS
DE GULF BREEZE

1987

Gulf Breeze es un pequeño suburbio de Pensacola, en el noroeste de Florida. La noche del 11 de noviembre de 1987, según su declaración, el contratista local Ed Walters estaba trabajando hasta tarde en el despacho de su casa cuando vio una luz que brillaba desde arriba en su jardín. Salió a investigar y vio en el aire un objeto brillante con forma de peonza. Volvió a entrar para coger su cámara Polaroid e hizo varias fotos del objeto, luego corrió hacia la calle para acercarse más. De repente, un rayo de luz blanca y azul le iluminó y le levantó del suelo. Una voz le dijo: «No se preocupe, no le haremos daño». Una serie de imágenes entraron en su mente. Luego se despertó parpadeando sin recordar nada de lo que había sucedido después de las imágenes.

Las fotos de Walters se publicaron al cabo de una semana en el periódico local y al instante provocaron una polémica enorme. Varios analistas fotográficos afirmaron que las fotos eran falsas, mientras que otros treinta testigos también declararon haber visto luces extrañas. Durante las semanas siguientes, Walters informó de nuevos encuentros con naves no identificadas y pequeñas criaturas alienígenas de ojos grandes, y publicó más fotografías. Incluso la comunidad de investigadores de ovnis se dividió en torno a lo sucedido en Gulf Breeze, y distintas organizaciones tomaron partido a favor y en contra de la veracidad del testimonio de Walters.

En 1989, con la esperanza de alejarse del acoso constante de los medios de comunicación, Walters y su esposa se mudaron a otra casa. En 1990, un nuevo propietario compró su antigua casa y descubrió una maqueta de papel idéntica a las fotos de ovnis de Walters escondida en el desván. Los escépticos señalaron esta y otras pruebas para insistir en que Walters había falsificado sus fotos. Walters y sus partidarios insistieron en que la maqueta había sido colocada en la casa por los escépticos. Más de treinta años después de los hechos originales, las fotografías de Gulf Breeze siguen siendo una de las pruebas de ovnis más controvertidas.

VÉASE TAMBIÉN: La grabación de Mariana (1950), El caso Ummo (1966), El incidente Tic Tac (2004)

UN OBJETO BRILLANTE EN FORMA DE PEONZA. Esta maqueta, como se ve en una foto tomada en la década de 1980, se parece a la nave vista por Ed Walters.

ENCUENTRO CERCANO
EN EL PÁRAMO DE ILKLEY

Los páramos de Yorkshire, en Inglaterra, son unas extensiones de campo inhóspitas, demasiado áridas para la agricultura. El páramo de Ilkley es uno de tantos lugares así. En la mañana del 1 de diciembre de 1987, hacía tiempo que era famoso entre los investigadores por ser un lugar donde se habían producido numerosos avistamientos de ovnis. Fue entonces cuando un policía londinense jubilado, Philip Spencer,* se dispuso a cruzar a pie el páramo de Ilkley para visitar a su suegro en un pueblo cercano. Spencer llevaba una cámara fotográfica y una brújula para guiarse en caso de niebla.

Según su testimonio, a mitad de camino vio de repente una figura oscura y verdosa en el sendero. Medía menos de un metro y medio, tenía la cabeza muy grande y las extremidades larguiruchas. Hizo un gesto que Spencer interpretó como una advertencia para que se alejara. Spencer respondió sacando su cámara y fotografiando a la criatura. El ser huyó entre la niebla, pero poco después Spencer vio una nave blanca en forma de disco que se elevaba del páramo y se alejaba hacia el cielo. Cuando Spencer llegó a un pueblo cercano, era dos horas más tarde de lo que debería haber sido, y el extremo norte de la aguja de su brújula apuntaba hacia el sur.

Una vez revelada la foto, los investigadores de ovnis la hicieron circular entre los expertos, que no encontraron pruebas de manipulación, pero señalaron que estaba tan borrosa que no se podían sacar conclusiones. Más adelante, Spencer se sometió a una regresión hipnótica y describió una experiencia de abducción estándar en la que había sido llevado a bordo de una nave espacial y sometido a un examen médico. Su encuentro es uno de los avistamientos de ovnis británicos más famosos.

VÉASE TAMBIÉN: El monstruo de Flatwoods (1952), ¡Mothman! (1966), Encuentros cercanos en Varginha (1996)

---

* Seudónimo: a lo largo de las investigaciones, el testigo insistió en mantener en secreto su verdadero nombre.

SOBRE UN PÁRAMO ÁRIDO. Los páramos de Ilkley en West Yorkshire, Inglaterra, son un lugar premonitorio.

JOHN LEAR Y LA CONSPIRACIÓN ACERCA DE LOS OVNIS

1987

El debate sobre los ovnis tomó un cariz más oscuro el 29 de diciembre de 1987, cuando John Lear publicó un mensaje en ParaNet, un tablón de anuncios en línea, en el que acusaba al gobierno de Estados Unidos de traicionar al pueblo norteamericano en favor de alienígenas malvados. Lear, hijo del multimillonario Bill Lear, con quien no tenía relación, era un piloto profesional que había trabajado para la compañía aérea privada de la CIA Air America. Como empleado de la agencia de inteligencia y descendiente de una familia adinerada, mucha gente le consideraba una persona con información privilegiada, lo que dio a sus acusaciones más verosimilitud de la que hubieran tenido si se hubiera tratado de otra persona.

El mensaje de Lear afirmaba que los gobiernos de todo el mundo habían estado encubriendo los ovnis durante cuarenta años, que el grupo Majestic-12 creado por Truman estaba gestionando la respuesta estadounidense a los extraterrestres, y que el gobierno guardaba varios platillos accidentados y había llevado a cabo negociaciones con los alienígenas. Todo esto, sin embargo, se reformuló en términos horripilantes. Según Lear, los alienígenas estaban mutilando ganado, secuestrando seres humanos y llevando a cabo experimentos de reproducción en sujetos humanos en su base subterránea cerca de Dulce, Nuevo México. En un principio, el gobierno había aceptado estas acciones, pero ahora intentaba echarse atrás manteniendo en secreto la existencia y las actividades de los alienígenas.

Nada de esto era nuevo. La mayor parte ya había aparecido a raíz de los documentos del Majestic-12 o en la desinformación entregada a Paul Bennewitz y transmitida por él al resto de la comunidad investigadora de ovnis. Lear tampoco tenía más pruebas de lo que afirmaba que las que habían ofrecido esas revelaciones anteriores. Pero eso no importaba. En el contexto cultural de finales de la década de 1980, cuando la desconfianza hacia el gobierno de Estados Unidos se hizo cada vez más generalizada, encontró un público receptivo y ayudó a sentar las bases para afirmaciones aún más radicales que vendrían después.

VÉASE TAMBIÉN: Área 51 (1955), El caso Paul Bennewitz (1982), Los documentos del Majestic-12 (1984), Las revelaciones de Bob Lazar (1989), Los documentos del planeta Serpo (2005)

¿ESTÁ LA VERDAD AHÍ FUERA? Las acusaciones de John Lear de mutilación de ganado por parte de alienígenas no eran un fenómeno nuevo, pero algunos le creyeron debido a su familia y al clima cultural de los años ochenta.

EL ENCUENTRO DE
LA FAMILIA KNOWLES

1988

La llanura de Nullarbor es una de las zonas más inhóspitas de Australia, una vasta región desértica y llana con poco tráfico y poca población. Alrededor de las 4:00 de la mañana del 20 de enero de 1988, Faye Knowles, sus hijos Patrick, Sean y Wayne, y sus dos perros estaban cruzando esa región en su coche cuando vieron una luz brillante delante de ellos, flotando justo por encima de la carretera. Cuando se acercaron, vieron que parecía medir un metro de diámetro y tenía una forma extraña ovalada, con un centro amarillo rodeado de una brillante luz blanca. Se movió erráticamente alrededor de la carretera durante un rato. De repente, se puso encima del coche de los Knowles.

Es difícil determinar exactamente lo que ocurrió a continuación, ya que los testigos estaban aterrorizados y declararon que se desorientaron y que sus voces se ralentizaron, como si una grabación se reprodujera a media velocidad. Sin embargo, más tarde dijeron que oyeron un ruido metálico en el techo del coche y sintieron que el vehículo se elevaba en el aire. Faye y Patrick abrieron las ventanillas para observar la luz, y, al hacerlo, dejaron entrar nubes de polvo negruzco y un olor como a cadáver. Entonces el coche volvió a caer a la carretera y uno de los neumáticos traseros reventó. La familia huyó del coche y se escondió en unos arbustos bajos junto a la carretera, pero la luz había desaparecido.

Al cabo de unos quince minutos, volvieron al coche y se dirigieron a Mundrabilla, la siguiente población de la ruta que seguían. Allí y en Cedruna, donde la familia informó del encuentro a la policía, varios testigos declararon que los Knowles estaban muy alterados, como es normal, y observaron un curioso polvo negro en la carrocería del coche, así como unas hendiduras extrañas en el techo. Un camionero que había conducido por la misma carretera que los Knowles, pero en otro tramo, también afirmó haber visto una luz extraña esa noche, y lo mismo dijeron unos pescadores de un barco que navegaba hacia el sur. Los acontecimientos de aquella noche siguen sin poderse explicar.

VÉASE TAMBIÉN: La abducción de Vilas-Boas (1957), La abducción de Barney y Betty Hill (1961), La abducción de Hickson y Parker (1973), La abducción en Emilcin (1978), El encuentro de Zanfretta (1978), La abducción de los Cahill (1993)

POLVO NEGRO. Este es el inhóspito tramo de la carretera abierta de Nullarbor, en Australia Occidental, donde se produjo el inexplicable suceso.

ENCUENTRO CERCANO
EN VORÓNEZH

Muchos avistamientos de ovnis tienen lugar en regiones rurales aisladas. El encuentro de Vorónezh es una de las excepciones. Vorónezh es una ciudad del suroeste de Rusia. En 1989 era un próspero centro industrial con casi un millón de habitantes. A partir del 23 de septiembre de ese año, muchos residentes comenzaron a observar unas luces extrañas que se cernían sobre la ciudad. A las 18:30 del 27 de septiembre, dos adolescentes que se encontraban en un parque de la ciudad vieron una luz rojiza en el cielo, que descendió y se convirtió en una esfera roja de nueve metros de diámetro. Voló en círculos a doce metros del suelo durante unos segundos y se alejó.

Unos minutos más tarde regresó. Para entonces, ya había otros testigos en el parque. Vieron cómo la esfera descendía y se abría una escotilla en la parte inferior. De ella salieron dos seres. Uno de ellos era humanoide, medía casi tres metros y llevaba un mono plateado y botas de color bronce. Parecía tener tres ojos y un objeto en forma de disco en el pecho. El otro tenía un cuerpo rectangular con brazos y piernas que se movían mecánicamente; los testigos pensaron que era una especie de robot.

Los espectadores se los quedaron mirando durante unos minutos. Entonces, la esfera y los dos extraños visitantes desaparecieron de repente. Cinco minutos después, la esfera y el ser alto volvieron a aparecer de pronto, pero esta vez la figura llevaba un tubo en una mano. Lo usó para apuntar a uno de los adolescentes, que desapareció de inmediato. El ser volvió a la esfera, esta se elevó del suelo y se fue volando. En ese instante, el chico que se había desvanecido reapareció de repente.

Los investigadores pudieron hablar con muchos habitantes de Vorónezh que habían visto la esfera. También encontraron cuatro hendiduras en el suelo donde se había posado el objeto; sus mediciones mostraron que el aparato que había aplastado el terreno debía pesar once toneladas.

VÉASE TAMBIÉN: El encuentro de Marius Dewilde (1954), El misterio de la línea recta (1954), Aterrizaje en Socorro (1964), Encuentro cercano en la colina Dechmont (1979)

UN GIGANTE DE METAL. Varios habitantes de Vorónezh (Rusia) presenciaron el descenso de estos seres de tres metros de altura desde una nave no identificada.

LAS REVELACIONES
DE BOB LAZAR

Las Vegas no es ajena a los descubrimientos extravagantes y escabrosos, pero el que tuvo lugar en la emisora de televisión local KLAS la noche del 11 de noviembre de 1989 fue excepcional incluso para los estándares de la ciudad. Esa noche, un hombre llamado Bob Lazar afirmó en antena que había trabajado en un programa gubernamental en una de las instalaciones secretas del gobierno estadounidense cerca del Área 51, ayudando a realizar ingeniería inversa de reactores antigravedad a partir de platillos voladores que se habían estrellado.

Según Lazar, licenciado en Física y Electrónica en el MIT y Cal Tech, respectivamente, y colaborador en varios proyectos gubernamentales clasificados, había sido contratado por un programa secreto de investigación de ovnis y había trabajado durante varios años en unas instalaciones conocidas como S-4, en el desierto de Nevada, cerca del lago Papoose, al sur del Área 51. Allí, había visto nueve ovnis en un hangar secreto construido en la ladera de una montaña, y descubierto que el gobierno poseía cadáveres de extraterrestres.

Según Lazar, los platillos accidentados procedían del sistema Zeta Reticuli y habían sido pilotados por alienígenas grises de ojos grandes y tamaño de niño. Estaban propulsados por reactores de antimateria alimentados por un elemento isotópico estable 115, en aquel momento aún desconocido para la ciencia. Volaban mediante generadores de ondas gravitatorias que podían curvar la luz alrededor de la nave para ocultarse.

Las afirmaciones de Lazar despertaron el interés de los medios de comunicación y desencadenaron un frenesí en la comunidad de investigadores de ovnis, que se posicionaron tanto a favor como en contra de ellas. Sus críticos señalaron que los registros de sus estudios y empleo no podían verificarse, pero Lazar afirmó que los registros habían sido borrados. Como suele ocurrir, la polémica nunca se resolvió y, a día de hoy, los investigadores de ovnis de Estados Unidos siguen divididos sobre las alegaciones de Lazar.

VÉASE TAMBIÉN: Área 51 (1955), El caso Paul Bennewitz (1982), Los documentos del Majestic-12 (1984), John Lear y la conspiración acerca de los ovnis (1987), Los documentos del planeta Serpo (2005)

EL SECRETO DEL S-4. Bob Lazar declaró que el gobierno estadounidense estaba en posesión de cadáveres de extraterrestres, pero esas afirmaciones nunca pudieron ser verificadas.

TRIÁNGULOS NEGROS
SOBRE BÉLGICA

El más dramático de los numerosos avistamientos masivos de la era de los triángulos negros comenzó la noche del 29 de noviembre de 1989 sobre la ciudad belga de Eupen, a pocos kilómetros de la frontera de Bélgica con Alemania. Dos agentes de policía, Heinrich Nicoll y Hubert von Montigny, realizaban una patrulla rutinaria cuando divisaron un objeto sorprendente sobrevolando un campo: un enorme triángulo negro con luces brillantes en cada esquina y una luz roja giratoria como un faro en el centro. Estaba inmóvil cuando lo vieron por primera vez, pero poco después voló lenta y silenciosamente hacia Eupen, donde más de treinta testigos lo contemplaron asombrados.

Este fue solo el primero de los más de dos mil avistamientos de triángulos negros registrados en Bélgica entre noviembre de 1989 y abril de 1990. Casi todos los avistamientos coincidían en la descripción: un triángulo negro con luces brillantes en las esquinas, que volaba lentamente y sin hacer ruido a baja altura. Los oficiales de la fuerza aérea belga sospecharon que las fuerzas estadounidenses estaba probando algún tipo de avión experimental sobre Bélgica, y preguntaron a la embajada de Estados Unidos, que respondió con las habituales negativas anodinas. Mientras tanto, aparecieron los escépticos para insistir en que los triángulos eran estrellas, helicópteros o la desintegración de un satélite soviético, nada de lo cual convenció a los que habían visto los objetos.

La ola alcanzó su punto álgido la noche del 30 al 31 de marzo de 1990, cuando dos radares militares detectaron un objeto en el cielo de Bélgica y varios policías vieron el triángulo en vuelo. Dos cazas F-16 de las fuerzas aéreas belgas intentaron interceptar el objeto. A pesar de sus esfuerzos, los pilotos no lograron ver el ovni, pero tuvieron breves contactos por radar, y cada vez que esto ocurría, el objeto aceleraba de repente a velocidades que ningún avión conocido podía igualar. Estos y otros avistamientos del triángulo belga siguen sin explicación.

VÉASE TAMBIÉN: El bumerán de Westchester (1983), Los avistamientos en Tinley Park (2004)

COMIENZA LA ERA DEL TRIÁNGULO NEGRO. Entre noviembre de 1989 y abril de 1990 se produjeron en Bélgica más de dos mil avistamientos de naves con forma de «triángulo negro».

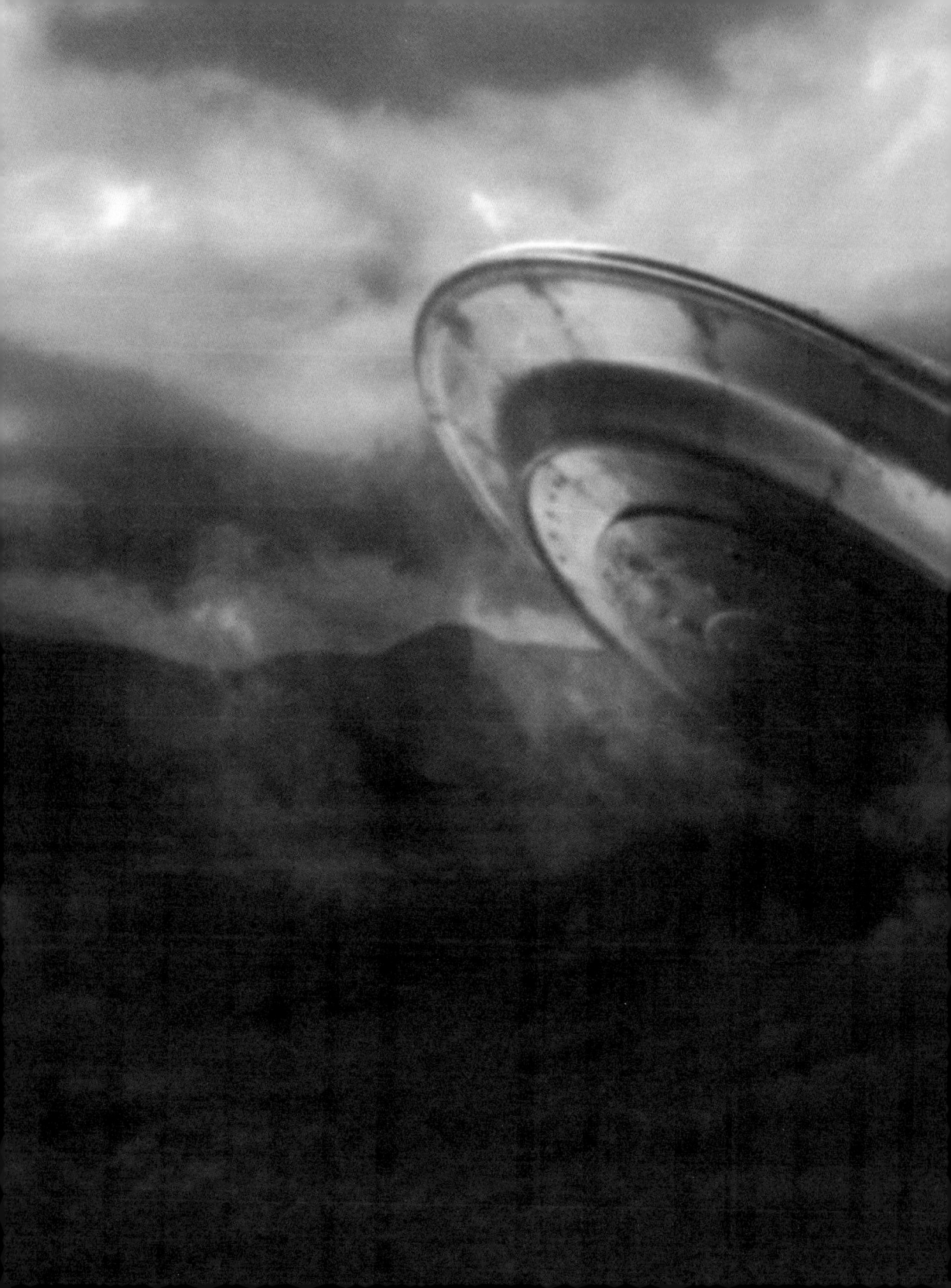

EL ACCIDENTE DE MEGAPLATANOS

Megaplatanos —por alguna razón llamado «Megas Platanos» en la bibliografía sobre ovnis— es un pueblo del centro de Grecia situado a una hora en coche al norte de Atenas. Alrededor de las 21:30 de la noche del 2 de septiembre de 1990, varios testigos del pueblo observaron seis luces inusuales que se desplazaban por el cielo desde el norte. Una de ellas cambió de color, osciló en el aire y, de repente, se precipitó al suelo, estrellándose en la ladera de la colina de Tympristos, a unos kilómetros de Megaplatanos y a poca distancia de una pequeña iglesia situada en la cima de la colina.

Un testigo, el pastor Trantos Karatranjos, se encontraba a solo 400 metros del objeto cuando se estrelló. Vio cómo se precipitaba al suelo y estallaba en llamas. Mientras la maleza del lugar del accidente se incendiaba, las otras cinco luces planeaban sobre el objeto estrellado, y dos de ellas descendieron de repente. Según Karatranjos, las llamas se apagaron de inmediato. Durante las horas siguientes, los lugareños vieron unas luces más pequeñas que descendían y volvían a elevarse.

Al amanecer, un grupo de lugareños se dirigió al lugar del accidente. Descubrieron una zona en forma de óvalo quemada y salpicada de fragmentos de metal y trozos de alambre. Poco después llegó la policía, y unas horas más tarde un equipo de la fuerza aérea griega se desplazó desde la base aérea de Tanagra para investigar. El 19 de octubre, las fuerzas aéreas informaron de que entre los restos había fragmentos de material electrónico de origen terrestre, y el suceso se clasificó oficialmente como el accidente de un satélite ruso desaparecido.

Esta explicación no satisfizo a los testigos, y las acusaciones de encubrimiento no se hicieron esperar. El accidente de Megaplatanos se conoce como «el Roswell de Grecia». Hoy en día sigue habiendo una gran cantidad de alegaciones a favor y en contra de su veracidad.

VÉASE TAMBIÉN: El accidente de Aurora (1897), El acontecimiento de Tunguska (1908), El accidente de Roswell (1947), El accidente de Kecksburg (1965), El accidente en Shag Harbour (1967), Encuentros cercanos en Varginha (1996)

ATERRIZAJE FORZOSO. Este suceso inexplicable en Megaplatanos se conoce como «el Roswell de Grecia».

LOS CREADORES DE LOS CÍRCULOS, DESENMASCARADOS

Los agroglifos empezaron a aparecer en campos del suroeste de Inglaterra en 1978. Los primeros ejemplos eran simplemente áreas circulares de trigo, cebada u otros cultivos que se habían aplanado pulcramente siguiendo un patrón en espiral durante la noche. ¿Cuál era la causa de los círculos? Nadie lo sabía, así que las especulaciones se dispararon. En algunos casos, había testigos que veían luces moviéndose por los campos, lo que al parecer bastó para convencer a mucha gente de que los ovnis debían de estar implicados.

En 1991, los agroglifos se habían convertido en un circo mediático y en una fuente de ingresos fiable para los agricultores del suroeste de Inglaterra, que podían ganar más dinero exhibiendo agroglifos que vendiendo la cosecha. Autobuses turísticos recorrían el paisaje de círculo en círculo y empezaron a surgir puestos de *souvenirs*. Los agroglifos eran cada vez más complejos con el tiempo, como si compitieran entre ellos para llamar la atención. Fue entonces cuando Doug Bower y Dave Chorley salieron a la luz.

En varias entrevistas con los medios de comunicación, afirmaron que habían iniciado el fenómeno en 1978 como una broma tras leer sobre los «nidos de ovni» de Tully (Australia). Con una tabla de madera, una cuerda y un sencillo aparato de avistamiento, habían aprendido a presionar suavemente los cultivos y dibujar círculos. Según dijeron, en 1987 otras personas se habían aficionado a la creación de agroglifos. Tras su revelación se produjo una oleada de nuevos círculos en las cosechas, no solo en Inglaterra, sino en todo el mundo.

En 1992, los investigadores alternativos Rupert Sheldrake y John Michell se propusieron zanjar el asunto organizando un concurso para elegir el mejor agroglifo hecho por el hombre, con un premio en metálico. Once de los doce equipos participantes consiguieron hacer círculos indistinguibles de los «reales». Los partidarios del origen paranormal de los agroglifos argumentaron que esto no demostraba que todos los círculos hubieran sido hechos por seres humanos. Como tantas otras cosas, el debate sigue sin resolverse.

VÉASE TAMBIÉN: El diablo segador (1678), Los círculos en los cultivos de Tully (1966)

BURLA A LOS AUTÉNTICOS CREYENTES. Independientemente de que todos los agroglifos fueran creados por el hombre, hay pruebas irrefutables de que, en efecto, algunos agricultores los hicieron deliberadamente.

BEHOLD A PALE HORSE

WILLIAM COOPER

Light
Technology
Publishing

BEHOLD A
PALE HORSE
WILLIAM * COOPER

HE AQUÍ UN CABALLO PÁLIDO

Milton William Cooper era un veterano de la Marina estadounidense que afirmó haber sido testigo de cómo un ovni entraba y salía varias veces del océano en 1966, mientras estaba de servicio en la guerra de Vietnam. En 1988, empezó a publicar afirmaciones en Internet sobre el mismo relato de alienígenas grises hostiles y traición gubernamental que Paul Bennewitz y John Lear habían puesto en circulación a principios de esa misma década. Estas se convirtieron en el núcleo del influyente libro de Cooper, *He aquí un caballo pálido* (1991). Con su publicación, las teorías de la conspiración ovni crecieron.

He aquí un caballo pálido combinaba la narrativa de los alienígenas hostiles con los temas conspiranoicos del siglo XX, desde los Illuminati de Baviera y el Nuevo Orden Mundial hasta los asesinatos de Kennedy y una inminente edad de hielo. Cooper decía que el presidente Eisenhower había firmado un tratado con los grises que les permitía mutilar ganado y secuestrar humanos a cambio de transferencias tecnológicas. Resultaba que los alienígenas estaban decididos a conquistar la Tierra, y también los Illuminati, lo que preparaba el terreno para una lucha que la humanidad no podía sino perder.

Todo esto encontró muchos lectores en los márgenes del panorama político. *He aquí un caballo pálido* se leyó mucho en las cárceles estadounidenses, donde su popularidad proporcionó un texto crucial para «asesinos líricos» como Wu-Tang Clan y Busta Rhymes. Asimismo, también se hizo muy famoso entre el incipiente movimiento miliciano de las zonas rurales de Estados Unidos, ya que alimentaba su convicción de que el gobierno realmente iba a por ellos.

El propio Cooper se convenció de que el gobierno le silenciaría. Cuando dejó de pagar sus impuestos y disparó contra los agentes del *sheriff* que venían a entregarle una orden, hizo realidad su creencia al morir bajo una lluvia de balas el 5 de noviembre de 2001. Su legado sigue siendo una fuerza poderosa en la cultura alternativa.

VÉASE TAMBIÉN: *El libro de los condenados* (1919), *Cuando las profecías fallan* (1954), Área 51 (1955), *Recuerdos del futuro* (1968), El caso Paul Bennewitz (1982), Los documentos del Majestic-12 (1984), John Lear y la conspiración acerca de los ovnis (1987), *Comunión* (1987), Las revelaciones de Bob Lazar (1989), Los documentos del planeta Serpo (2005)

INFORMACIÓN VALIOSA. *He aquí un caballo pálido* ha demostrado ser una influencia duradera en la cultura, que se extiende hasta el estilo lírico de ODB.

LA ABDUCCIÓN DE LOS CAHILL

1993

Narre Warren North es un barrio residencial normal y corriente situado en las estribaciones de las montañas Dandenong, a las afueras de Melbourne (Australia). La tarde del 7 de agosto de 1993, Kelly Cahill y su marido, Andrew, se dirigían en coche a casa de un amigo. Poco después de las 19:00, ella observó un inusual anillo de luces anaranjadas en un campo. Los Cahill emprendieron el regreso a casa sobre las 23:45 y, cuando llegaron al mismo lugar, el anillo flotaba sobre la calzada. Vieron que se trataba de un objeto esférico del tamaño de una casa con luces naranjas en la parte inferior. Desapareció a gran velocidad, pero a poca distancia, una luz brillante entró de repente por el parabrisas.

La pareja se quedó inmóvil. Minutos más tarde, retomaron el viaje de vuelta a casa y descubrieron que el trayecto les había llevado una hora larga más de lo habitual. Kelly descubrió que tenía una extraña marca triangular en el vientre y sufrió una inusual hemorragia menstrual en los días siguientes. Durante varias semanas, ninguno de los dos pudo recordar lo que había sucedido, pero —sin recurrir a la hipnosis— ambos afirmaron haber sido abordados por unas extrañas criaturas humanoides con ojos rojos brillantes. Kelly recordó haber sido llevada a bordo de un ovni. Al igual que otros abducidos de la década de 1990, también tuvo varios encuentros posteriores mientras dormía, que describió como sueños reales.

Hasta aquí se trataba de una experiencia de abducción ordinaria, como las que tantos otros relataron durante esa década. Lo que lo conviterte en uno de los casos de ovnis más famosos de Australia es que los Cahill no fueron las únicas personas que se toparon con un ovni en Narre Warren North aquella noche. Tres personas más que circulaban por la misma zona hacia medianoche también vieron el mismo objeto con luces naranjas sobrevolando la carretera. Sus descripciones corroboran el relato de los Cahill en todos los detalles.

VÉASE TAMBIÉN: La abducción de Vilas-Boas (1957), La abducción de Barney y Betty Hill (1961), La abducción de Hickson y Parker (1973), La abducción en Emilcin (1978), El encuentro de Zanfretta (1978), El encuentro de la familia Knowles (1988)

RECUERDOS INEXPLICABLES. Ambos abducidos tenían recuerdos borrosos de la inexplicable hora añadida a su viaje.

ENCUENTRO CERCANO EN LA ESCUELA ARIEL

1994

Ruwa es un pequeño pueblo de una zona rural de Zimbabue, a unos veinte kilómetros al sureste de la capital, Harare. En 1994, no era mucho más que un cruce de caminos con unos pocos edificios, pero no muy lejos de allí se encuentra la escuela Ariel, cuya mayoría de alumnos procede de las familias acomodadas de Harare. A las 10:00 de la mañana del 16 de septiembre de 1994, los jóvenes se encontraban al aire libre, disfrutando del recreo de media mañana, cuando un disco plateado apareció en el cielo y luego se posó en una zona de maleza y pequeños árboles justo al otro lado del recinto escolar. Sesenta y dos escolares, movidos por la curiosidad, fueron a investigar.

Un grupo de pequeños seres de ojos grandes vestidos de negro salió del disco aterrizado. En ese momento, muchos de los alumnos salieron corriendo, pero otros siguieron observando. Algunos de los niños informaron que de repente habían tenido pensamientos intrusivos que parecían ser comunicaciones telepáticas de los seres; en ellas les advertían sobre el abuso del medio ambiente por parte de la humanidad. Los seres se subieron al disco y este salió volando. Cuando se terminó el recreo y los niños contaron a sus profesores lo que habían visto, los adultos no les dieron importancia, pero esa misma noche los niños se lo explicaron a sus padres. Cuando corrió la voz, varios investigadores acudieron a entrevistar a los jóvenes, y sus relatos convirtieron el avistamiento de la escuela Ariel en uno de los encuentros con ovnis más famosos de África.

Como muchos otros encuentros cercanos, el suceso de la escuela Ariel se produjo en medio de una oleada de otros avistamientos: en los días anteriores se habían visto bolas de fuego en el cielo, y varios otros testigos en otros lugares de la región también se encontraron con seres extraños. Algunos testigos señalaron, sin embargo, que los pequeños seres vestidos de negro se parecían mucho a los tikoloshes, criaturas mágicas descritas en las tradiciones de los pueblos ndebele y shona.

VÉASE TAMBIÉN: Viajeros de Magonia (815), ¿Tortitas del espacio? (1961), El avistamiento en la escuela Westall (1966), El incidente del gas del pantano (1966), El encuentro cercano de Cussac (1967), El auge de la alta extrañeza (1969)

¿ALTA EXTRAÑEZA O ZETA RETICULI? Un «gris» mira al espectador, tal vez como lo vieron los alumnos de la escuela Ariel.

ENCUENTROS CERCANOS EN VARGINHA

La ciudad de Varginha, en el estado brasileño de Minas Gerais, era conocida sobre todo por su papel protagonista en la industria del café y sus fábricas de acero y piezas de automóviles. Sin embargo, en 1996, una serie de avistamientos de ovnis y encuentros cercanos a los que se dio mucha publicidad la situaron en el mapa como uno de los lugares más famosos de América Latina de contacto aparente entre humanos y extraterrestres.

El 20 de enero de 1996, las hermanas Liliane y Valquiria da Silva y su amiga Katia Xavier estaban de paseo. Alrededor de las 15:30, vieron a un extraño ser acurrucado contra la pared de bloques de hormigón de un edificio abandonado. Tenía la piel morena y curtida, una cabeza triangular con grandes ojos rojos y las extremidades muy cortas. Parecía tan asustado como ellas, pero las jóvenes huyeron. Cuando contaron la historia a la familia, la madre de Liliane y Valquiria y Katia Xavier volvieron al lugar. La criatura había desaparecido, pero había dejado tras de sí un fuerte olor a amoniaco.

Ese mismo día, según varios testigos, un convoy de camiones militares atravesó Varginha con rumbo desconocido. Asimismo, el personal de un hospital de la localidad declaró haber visto a médicos tratando a figuras que no parecían humanas, y varios camiones militares se dirigieron al mismo hospital para entregar material desconocido y una bolsa con un cadáver. Otros testigos informaron de la presencia de criaturas extrañas como las que habían visto Katia y las hermanas Da Silva.

Pronto circularon rumores de que un ovni se había estrellado en la zona y que el ejército brasileño había detenido a cuatro alienígenas. Los militares lo negaron e insistieron en que los testigos habían confundido a un sordomudo de la ciudad con un alienígena. El ayuntamiento de Varginha respondió de forma más práctica y rentable: unos años después de los hechos, erigió una torre de agua con forma de platillo volador en el centro de la ciudad, lo cual convirtió el turismo relacionado con los ovnis en un elemento clave de la economía de Varginha.

VÉASE TAMBIÉN: El accidente de Aurora (1897), El acontecimiento de Tunguska (1908), El accidente de Roswell (1947), El accidente de Kecksburg (1965), El accidente en Shag Harbour (1967), El accidente de Megaplatanos (1990)

3,5 ESTRELLAS EN TRIPADVISOR. Sea cierto o no que un extraterrestre se estrelló en esta zona de Brasil, el área que rodea este enorme monumento es un lugar muy agradable para una excursión de un día.

LOS SUICIDIOS DE HEAVEN'S GATE

Los agentes del *sheriff* no estaban nada preparados para lo que descubrieron en la casa de un barrio de las afueras de San Diego: treinta y nueve cadáveres, idénticamente vestidos con chándales negros y zapatillas de correr Nike, cada uno de ellos tendido cuidadosamente en una cama con un paño morado cubriéndole la cara. Se habían suicidado tomando somníferos y vodka y atándose bolsas de plástico a la cabeza. Así terminó una de las historias más largas y extrañas del mundo de la religión ovni.

Uno de los cadáveres pertenecía a Marshall Applewhite, el líder del grupo. Nacido en 1931, Applewhite era un antiguo profesor universitario que había empezado a enseñar su propia religión basada en los ovnis en 1972. Él y Bonnie Nettles, una enfermera convertida en mística, llegaron a creer que eran los dos testigos descritos en el Apocalipsis, y desarrollaron un conjunto de enseñanzas que combinaban el cristianismo, ideas de la *new age* y la fe en los ovnis.

En la contracultura de los años setenta, resultó fácil congregar un círculo de seguidores que creían que Applewhite y Nettles ya habían alcanzado un nivel evolutivo superior al de la humanidad. Durante las siguientes dos décadas y media, la secta —que se autodenominaba «metamorfosis individual humana», «dominadores totales anónimos» y otros nombres— llevó un estilo de vida errante, a menudo viviendo en la pobreza extrema, mientras esperaban a que aterrizaran los extraterrestres.

Nettles murió de cáncer en 1985, y a partir de entonces las creencias de Applewhite tomaron un cariz más apocalíptico. Cuando se descubrió el cometa Hale-Bopp, y los rumores que circulaban por Internet afirmaban que se había avistado una nave extraterrestre siguiendo el cometa a través del espacio, Applewhite se convenció de que la «puerta del cielo» (*heaven's gate*) se abría para él y sus seguidores. El suicidio colectivo fue la forma que eligieron para cruzarla.

VÉASE TAMBIÉN: Comienza la era de los contactados (1952), La convención de Giant Rock (1953), El día mundial del contacto (1953), *Cuando las profecías fallan* (1954), Los contactos de Billy Meier (1975)

UNA PROFECÍA FATÍDICA. El fundador de la secta Marshall Applewhite habla a la cámara en su último mensaje de vídeo.

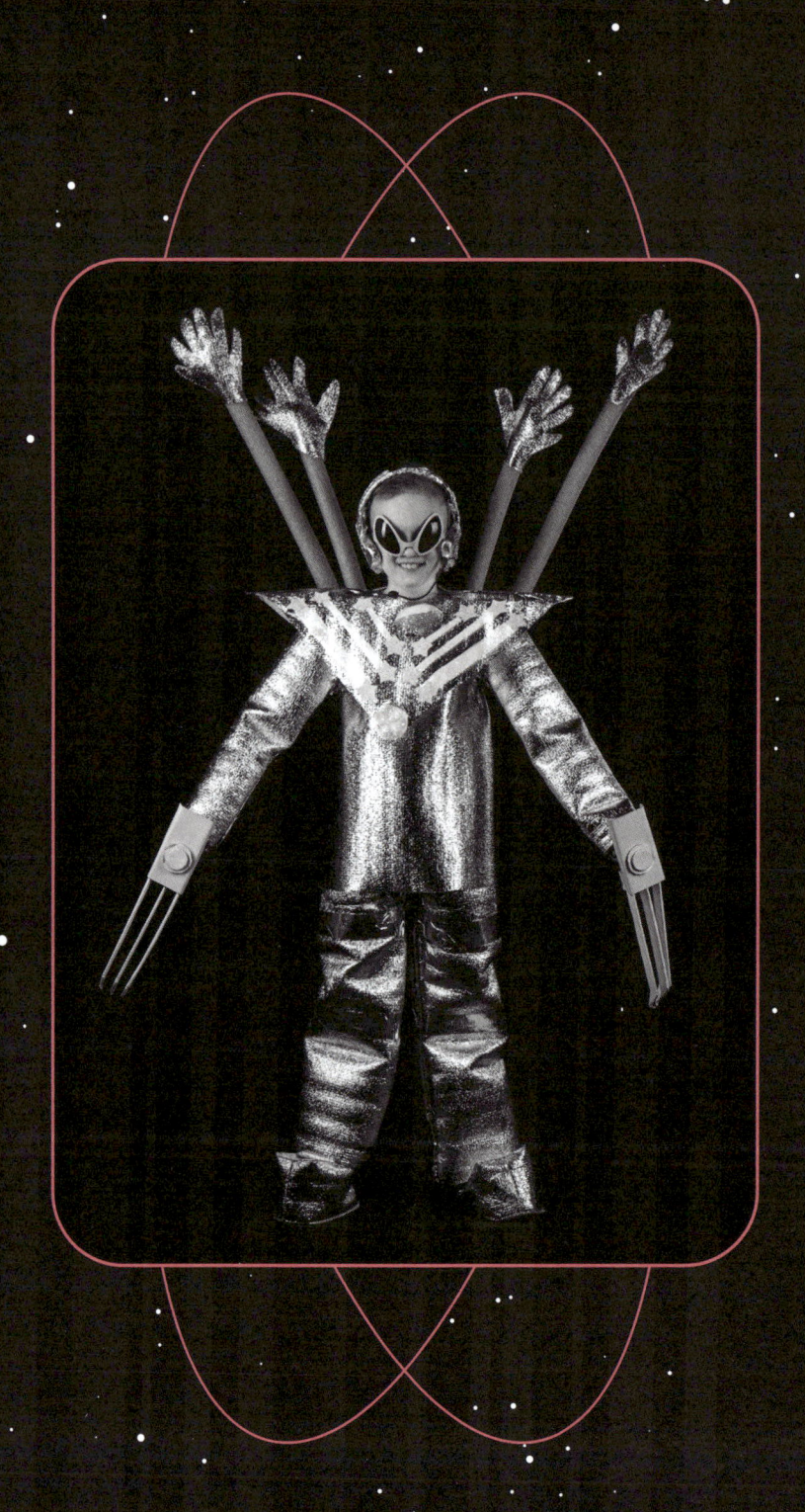

LOS AVISTAMIENTOS EN TINLEY PARK

Tinley Park, Illinois, es una ciudad suburbana situada a una hora al suroeste de Chicago. La noche del 21 de agosto de 2004 estaba más concurrida que de costumbre: acababa de empezar el festival anual de *heavy metal* Ozzfest en un gran anfiteatro local. Fue entonces cuando cientos de personas, tanto residentes locales como asistentes al concierto, observaron tres luces brillantes en formación triangular en el cielo, moviéndose muy lentamente y sin apenas hacer ruido.

Las luces, fuesen lo que fuesen, desaparecieron en la oscuridad al cabo de unos treinta minutos. Sin embargo, el 31 de octubre volvieron, y los padres asombrados que acompañaban a sus hijos en las rondas de «truco o trato» de Halloween fotografiaron y filmaron las luces. Lo mismo volvió a ocurrir al año siguiente, el 1 y el 31 de octubre de 2005. Aunque Tinley Park se llevó la palma, testigos de los barrios cercanos de Lake in the Hills, Matteson, Mokena, Oak Forest y Orland Park también dijeron haber visto las luces.

En 1983, cuando el bumerán de Westchester había inaugurado la era de los ovnis triangulares y negros, los teléfonos móviles con cámaras incorporadas eran todavía cosa de la ciencia ficción. En 2004, en cambio, muchos de los testigos llevaban el móvil en el bolsillo. Docenas de fotos y vídeos del misterioso objeto se colgaron rápidamente en Internet, lo que convirtió el avistamiento de Tinley Park en uno de los encuentros de ovnis mejor documentados de la historia.

El análisis minucioso de las imágenes de los avistamientos en Tinley Park ha demostrado que las luces parecen haber estado conectadas a un objeto sólido muy grande de aproximadamente cuarenta y cinco metros de ancho. Sigue siendo un misterio por qué el famoso triángulo negro se desprendió de todas sus luces excepto de tres para esta aparición.

VÉASE TAMBIÉN: El avistamiento en el Estadio Artemio Franchi (1954), Los avistamientos de la misión Boiani (1959), El bumerán de Westchester (1983), Encuentro cercano en Vorónezh (1989), Triángulos negros sobre Bélgica (1989), Encuentro cercano en la escuela Ariel (1994)

EXTRATERRESTRES EN EL OZZFEST. Varios asistentes al concierto fueron testigos de una peculiar formación luminosa, que se repitió en Halloween, entre fiesteros disfrazados como este.

PERSON 1: Look at that thing!

PERSON 2: They're all goin' against the wind. The wind's 120 knots to the west.

PERSON 2: There's a whole fleet of 'em. Look on the SA.

EL INCIDENTE TIC TAC

El USS Nimitz es uno de los buques de guerra más poderosos de la flota estadounidense, un portaaviones de propulsión nuclear dotado de avanzados sistemas de radar y armamento. El 14 de noviembre de 2004 se encontraba en alta mar, a unos 160 kilómetros al suroeste de San Diego (California), rodeado por el resto de los buques del Carrier Strike Group 11, en una misión rutinaria de instrucción. El tiempo estaba despejado, con el mar en calma, y los cazas F/A-18F del Nimitz hacían ejercicios aéreos. De repente, dos de los pilotos recibieron instrucciones de interrumpir el ejercicio e interceptar un objeto desconocido.

Durante varios días, los operadores de radar de la marina habían detectado objetos desconocidos que seguían de cerca a la flota. Los objetos volaban a 80 000 pies, muy por encima de la altitud operativa normal de los reactores, pero de vez en cuando uno descendía a gran velocidad a niveles inferiores. Eso era lo que los dos pilotos enviados debían investigar: un objeto desconocido en el aire cerca del grupo de portaaviones.

El comandante David Fravor era el piloto principal. Según su informe, cuando él y su copiloto llegaron al lugar, vieron una perturbación en el agua, con olas agitándose sobre algo desconocido justo debajo de la superficie. Entonces, apareció un objeto blanco con forma de caramelo Tic Tac. De unos doce metros de largo, no tenía alas ni medios visibles de propulsión, pero volaba a gran velocidad y hacía bruscas maniobras evasivas que ningún avión convencional podría imitar. Fravor intentó interceptarlo, pero el obejto voló directamente hacia él, viró y se alejó a gran velocidad.

Para entonces, otros cazas estaban despegando del Nimitz para interceptar el objeto. Ese mismo día, más tarde, uno de ellos grabó un vídeo borroso del mismo con una cámara de infrarrojos montada en su avión. Filtrado al público en 2017, el vídeo desempeñó un papel importante en la convocatoria de las audiencias del Congreso sobre ovnis seis años después.

VÉASE TAMBIÉN: Ovnis sobre Washington, D. C. (1952), Los avistamientos de Teherán (1976), Incidente en Manises (1979), La noche de los ovnis (1986), Audiencias del Gobierno estadounidense sobre los FANI (2023)

UN OBJETO NO IDENTIFICADO (¿DE MENTA?). Este vídeo del USS Gimbal es uno de los tres vídeos militares estadounidenses de fenómenos aéreos no identificados cuya difusión pública ha sido aprobada por el gobierno.

LOS DOCUMENTOS DEL PLANETA SERPO

Los documentos aparecieron por primera vez en un foro de investigación sobre ovnis en noviembre de 2005, subidos por un autor anónimo que afirmaba ser un informante de la Agencia de Inteligencia de Defensa (DIA) de EE. UU. Supuestamente eran archivos de un programa secreto del gobierno que había enviado a doce astronautas a bordo de una nave extraterrestre a un planeta llamado Serpo, en órbita alrededor de la estrella Zeta Reticuli.

Según los documentos de Serpo, uno de los alienígenas que iba en la nave que se estrelló en Roswell en 1947 había sobrevivido al impacto y fue puesto bajo custodia del ejército norteamericano. Este había ayudado a los científicos a establecer contacto con sus habitantes, denominados «ebens» (entidades biológicas extraterrestres) en los documentos. Tras una serie de contactos, doce astronautas (diez hombres y dos mujeres) subieron a una nave extraterrestre en 1965 para un viaje de diez meses a Serpo.

Los documentos describen Serpo como un planeta con una atmósfera respirable de oxígeno y una gravedad ligeramente inferior a la de la Tierra. La población eben de Serpo es de unos 650 000 habitantes, la mayoría de los cuales viven en pequeñas aldeas, aunque en el planeta existe también una ciudad. Dos de los astronautas murieron allí y dos se quedaron, mientras que los ocho restantes regresaron a la Tierra en 1978; en 2005, todos los repatriados habían muerto como consecuencia de la exposición a la radiación durante el viaje interestelar.

Al igual que los documentos del proyecto Aquarius y del MJ-12, los informes de Serpo fueron examinados minuciosamente una vez que se pusieron a disposición de los investigadores. Al igual que con esos documentos anteriores, muchos investigadores afirmaron que el material de Serpo era un ingenioso montaje. Los investigadores señalaron que personas concretas de la Oficina de Investigaciones Especiales (OSI) de las Fuerzas Aéreas estadounidenses estaban implicadas en las tres revelaciones. La posibilidad de que estas y otras aparentes filtraciones pudieran haber formado parte de una estrategia más amplia de desinformación comenzó a ser objeto de discusión en la comunidad de investigadores de ovnis.

VÉASE TAMBIÉN: Área 51 (1955), El encuentro de Cash y Landrum (1980), El caso Paul Bennewitz (1982), Los documentos del Majestic-12 (1984), John Lear y la conspiración… (1987), Las revelaciones de Bob Lazar (1989)

UNA REVELACIÓN IMPACTANTE. Aunque algunos afirman que los documentos de Serpo eran un ingenioso montaje, sigue habiendo interrogantes sin resolver.

AVISTAMIENTO DESDE EL AEROPUERTO DE O'HARE

2006

Aunque los avistamientos de ovnis se hicieron cada vez más escasos con la llegada del siglo XXI, los que se produjeron fueron claros y bien documentados. El avistamiento del aeropuerto O'Hare en 2006 fue uno de los más notables.

El aeropuerto internacional O'Hare de Chicago es uno de los más transitados del mundo, y el personal de tierra está acostumbrado a ver naves inusuales sobre sus cabezas. Sin embargo, nadie estaba preparado para el objeto que apareció sobre las 16:15 del 7 de noviembre de 2006, por encima de la puerta C-17. Un miembro del personal de tierra fue el primero en verlo mientras hacía retroceder un avión de United Airlines con destino a Charlotte, Carolina del Norte, y avisó por radio a la tripulación del avión. Otros empleados de United Airlines oyeron la conversación por radio y corrieron a verlo. En total, más de una docena de personas vieron el objeto, entre pilotos, mecánicos de aeronaves, personal de gestión y transeúntes fuera del aeropuerto.

Según los testigos, se trataba de una nave en forma de disco de metal gris oscuro que flotaba en el aire por encima de la terminal. El objeto no hacía ningún tipo de ruido.

Las estimaciones sobre su tamaño oscilaban entre dos y seis metros de diámetro. Cinco minutos después del primer avistamiento, el objeto salió disparado a través de las nubes a gran velocidad, dejando un pequeño agujero perfectamente redondo, que se cerró al poco tiempo. Sin embargo, los controladores aéreos de la torre de O'Hare afirmaron no haberlo visto, y no apareció en el radar en ningún momento.

Lo que pasó luego fue en muchos aspectos más extraño que el avistamiento. La compañía United Airlines y la Administración Federal de Aviación insistieron en que no se les había comunicado ningún avistamiento de ovnis, a pesar de que los testigos afirmaron que sí lo habían hecho. Después de que una investigación del *Chicago Tribune* les obligara a hablar, resultó que ambas estaban al corriente del avistamiento, pero insistían en que el objeto era un «fenómeno meteorológico», afirmación que las personas que lo habían visto negaron rotundamente.

VÉASE TAMBIÉN: Los pilotos fantasma de Escandinavia (1933), La noche de los ovnis (1986), Avistamientos en Stephenville (2008)

INICIALMENTE NEGADO POR EL GOBIERNO. Debido a que el *Chicago Tribune* publicó un artículo en el que numerosas personas hablaban de haber observado esta nave, la FAA acabó reconociéndolo... como un «fenómeno meteorológico».

AVISTAMIENTO EN ALDERNEY

Alrededor de las 14:09 de la tarde del 23 de abril de 2007, el piloto Ray Bowyer estaba a los mandos de un avión bimotor turbohélice Trislander que volaba de Southampton, Inglaterra, a la isla de Alderney. Dieciocho años de experiencia en aviación le habían familiarizado con la mayoría de los objetos aéreos, pero no con el que vio en el cielo de Alderney. Lo describió como una «luz en forma de cigarro», de color dorado con dos bandas negras brillantes. Al principio se preguntó si sería una ilusión causada por la luz reflejada por los invernaderos de la cercana isla de Guernsey, pero al poco tiempo concluyó que se trataba de un objeto inmóvil a una altitud de dos mil pies que se encontraba entre quince y sesenta kilómetros de distancia.

Bowyer cogió los prismáticos y no perdió de vista el objeto durante nueve minutos. También avistó otro objeto similar más lejos. Luego los dos objetos volaron en formación. Dos pasajeros del vuelo de Bowyer también vieron el primer objeto, describiéndolo como «naranja» o «del color de la luz del sol». Otro piloto, Patrick Patterson, que estaba a los mandos de otro vuelo con pasajeros en ese momento, también avistó el objeto y lo describió en términos muy similares a los de Bowyer.

Tras aterrizar en Alderney, Bowyer informó del avistamiento a la Autoridad de Aviación Civil, y calificó el suceso como «casi un choque». Voló de vuelta a Southampton, pero no volvió a ver el objeto. El Ministerio de Defensa británico, organismo oficialmente encargado de investigar los ovnis, hizo gala de su habitual pasividad en este caso, y declaró rotundamente que no investigaría el avistamiento. Los medios de comunicación británicos, por su parte, le prestaron mucha atención, pero nadie ha dado todavía una explicación convincente del avistamiento. El propio Bowyer nunca afirmó que lo que vio fuera una nave extraterrestre. Su declaración fue simplemente que nunca había visto nada parecido en quince años de vuelo.

VÉASE TAMBIÉN: El avistamiento de Chiles-Whitted (1948), El avistamiento de Nash-Fortenberry (1952), El objeto cilíndrico de Cressy (1960), Avistamiento desde el vuelo 1628 (1986)

UN OBJETO DEL COLOR DE LA LUZ DEL SOL. La isla de Alderney, fotografiada aquí en una foto aérea tomada desde un avión, fue el escenario de un avistamiento inexplicable.

AVISTAMIENTOS EN STEPHENVILLE

Stephenville, Texas, está a dos horas en coche al noroeste de Dallas. Es una ciudad agrícola que a los lugareños, con la modestia típica de Texas, les gusta llamar «la capital mundial de la leche». La noche del 8 de enero de 2008, de repente se hizo famosa por algo mucho más extraño. Fue entonces cuando unos 300 habitantes vieron un enorme objeto desconocido en el cielo de la ciudad.

Steve Allen, un veterano piloto de avioneta, fue uno de los testigos. Alrededor de las 18:00 estaba quitando maleza en lo alto de una colina con tres personas más cuando un gigantesco objeto salpicado de brillantes luces blancas y azules apareció a toda velocidad en el cielo occidental. Allen lo describió como «más grande que un Walmart», mientras que otros testigos estimaron su tamaño entre 800 metros de ancho y 1.600 de largo. El objeto se detuvo sobre Stephenville y permaneció allí, mientras sus luces se movían formando unos patrones complicados, como si tratara de comunicarse.

Entonces, dos cazas F-16 sobrevolaron la colina a baja altura, en dirección al objeto. Ante la atenta mirada de los testigos,

el enorme aparato se alejó rápidamente, superando a los cazas. Allen estimó la velocidad del objeto en más de 4000 km/h.

Al día siguiente, el periódico local publicó una noticia sobre el tema, y decenas de personas de la zona se presentaron diciendo que habían visto el objeto y los cazas. Al principio, las fuerzas aéreas insistieron en que ninguno de sus aviones se encontraba en la zona de Stephenville la noche del 8 de enero y trataron de insistir en que el avistamiento había sido una ilusión óptica. Una semana más tarde, cambiaron su versión y admitieron que, en realidad, sí que había algunos F-16 sobre Stephenville esa noche. Nunca se dijo nada sobre lo que vieron o no los pilotos. ¿Fue una prueba aeroespacial secreta del gobierno, una nave extraterrestre u otra cosa? Nadie, a parte del Gobierno estadounidense, lo sabe.

VÉASE TAMBIÉN: El avistamiento en el Estadio Artemio Franchi (1954), Los avistamientos de la misión Boiani (1959), El encuentro de Cash y Landrum (1980), Encuentro cercano en Vorónezh (1989), Encuentro cercano en la escuela Ariel (1994), Los avistamientos en Tinley Park (2004)

MÁS GRANDE QUE UN WALMART. Este molino de viento ocupa el lugar donde el piloto de avioneta Steve Allen avistó una enorme nave.

AUDIENCIAS DEL GOBIERNO ESTADOUNIDENSE SOBRE LOS FANI

2023

Si anunciaras que, al fin y al cabo, los ovnis son reales y nadie te creyera, ¿qué pasaría? Ese fue el problema al que se enfrentó el Gobierno estadounidense en 2023. Tras más de dos décadas de avistamientos de ovnis cada vez más escasos, el gobierno abandonó de repente su política de tachar los ovnis de irreales y empezó a admitir que podría haber algo en todos esos avistamientos de los recién rebautizados fenómenos anómalos no identificados (FANI).

La diversión comenzó el 12 de enero con la publicación del Informe 2022 sobre fenómenos aéreos no identificados, producto de una nueva oficina del Pentágono creada el año anterior para recopilar avistamientos. El informe incluía 171 casos sin identificar, muchos de los cuales no se sostenían con las explicaciones convencionales. En el mes de julio, el Congreso entró en acción con unas audiencias en las que dos militares retirados testificaron sobre unos impresionantes avistamientos de FANI, y un tercero insistió en que los militares habían recuperado FANI estrellados y «elementos biológicos no humanos».

La NASA también se unió a lo que rápidamente se estaba convirtiendo en un caos de no divulgación burocrática. La agencia espacial había creado un grupo de estudio sobre los FANI el año anterior; celebró su primera reunión pública el 31 de mayo y publicó un primer informe el 14 de septiembre. Al igual que el informe del Pentágono, se negaba a sacar conclusiones, pero pedía más estudios.

Los medios de comunicación vieron una oportunidad de oro con todo esto, pero fuera de los círculos oficiales de Washington, muy poca gente se interesó. Después de todas esas décadas en las que el Gobierno estadounidense se negó a tomar en serio los ovnis/FANI y aparentemente se dedicó a encubrirlos y desinformar al respecto, mucha gente asumió como algo natural que este último cambio en la política oficial también debía tener un motivo oculto. Un famoso meme resumía la actitud general: «Quería creer en ellos», decía, «pero entonces el Gobierno dijo que eran reales».

VÉASE TAMBIÉN: El Proyecto Blue Book (1952), El informe Condon (1969)

QUERÍA CREER EN ELLOS. Las audiencias gubernamentales sobre los FANI, celebradas en 2023 (en la imagen), se convirtieron en una experiencia frustrante para quienes esperaban una revelación más concluyente.

BIBLIOGRAFÍA

5000 A. E. C.: VISITANTES MISTERIOSOS

Coppens, Philip. *The Ancient Alien Question*. Newburyport, Massachusetts: New Page, 2021.

Shklovskii, I. S., y Carl Sagan. *Intelligent Life in the Universe*. Nueva York: Holden-Day, 1966.

216 A. C.: ESCUDOS Y LUCES EN LOS CIELOS

Mandukian, Marina. «The Wild True Stories of Historical UFO Sightings.» *Grunge*. Actualizado el 13 de febrero de 2023). Último acceso el 2 de mayo de 2024. https://tinyurl.com/bdh526yf.

Vallée, Jacques, y Chris Aubeck. *Wonders in the Sky: Unexplained Aerial Objects from Antiquity to Modern Times*. Nueva York: Tarcher/Penguin, 2009.

815: VIAJEROS DE MAGONIA

Carter, Jake. «The Strange Link Between Fairies, Aliens and UFOs.» *Anomalien*. 6 de marzo de 2020. Último acceso el 2 de mayo de 2024. https://tinyurl.com/5h93y4yt.

Vallée, Jacques. *Passport to Magonia*. Chicago: Henry Regnery, 1969.

1277. EL AVISTAMIENTO DE BAODING

Chang, Kai-Chi. *From the Record: UFO Sightings in Ancient Chinese History Books*. Taipei: por el autor, 1991.

1561: BATALLA EN LOS CIELOS

Black, John. «The Mysterious 1561 Nuremberg Event 'UFO Battle'.» *Ancient Origins*. Actualizado el 7 de diciembre de 2021. Último acceso el 2 de mayo de 2024. https://tinyurl.com/54zxsnb3.

Vallée, Jacques, y Chris Aubeck. *Wonders in the Sky: Unexplained Aerial Objects from Antiquity to Modern Times*. Nueva York: Tarcher/Penguin, 2009.

1562: EL AVISTAMIENTO DE DINGHAI

Chang, Kai-Chi. *From the Record: UFO Sightings in Ancient Chinese History Books*. Taipei: por el autor, 1991.

1639: EL AVISTAMIENTO DEL RÍO MUDDY

Anónimo. «First UFO Sighting in America, Muddy River, 1639.» *Celebrate Boston*. 2020. Último acceso el 2 de mayo de 2024. https://tinyurl.com/muwyttbm.

Klein, Christopher. «America's First UFO Sighting.» *History*. Actualizado el 15 de enero de 2020. Último acceso el 2 de mayo de 2024. https://tinyurl.com/2p9kw6e6.

1663: EL AVISTAMIENTO DE ROBOZERO

Anónimo. «1663: Robozero, Russia Sighting.» *Think AboutIts*. 1 de marzo de 2021. Último acceso el 2 de mayo de 2024. https://tinyurl.com/2x4nmxjv.

Vallée, Jacques. *UFO Chronicles of the Soviet Union*. Nueva York: Ballantine, 1992.

1678: EL DIABLO SEGADOR

Anónimo. «1678—Hertfordshire—The Mowing Devil.» *Old Crop Circles*. s.f. Último acceso el 2 de mayo de 2024. https://tinyurl.com/bdzp58t7.

Morrison, C. J. «The Mowing-Devil.» *Early Modern Pamphlets*. s.f. Último acceso el 2 de mayo de 2024. https://tinyurl.com/3zwne4cx.

1803: EL INCIDENTE DEL UTSURO-BUNE

Lowth, Marcus. «The *Utsuro-Bune* Legend and UFO Encounters of Ancient Japan.» *UFO Insight*. Actualizado el 5 de octubre de 2021. Último acceso el 2 de mayo de 2024. https://tinyurl.com/yxb6vx4e.

Tanaka, Kazuo. «"Utsurobune": A UFO Legend from Nineteenth-Century Japan.» *Nippon*. 26 de junio de 2020. Último acceso el 2 de mayo de 2024. https://tinyurl.com/yf94et2a.

1896: LA LLEGADA DE LAS AERONAVES

Busby, Michael. *Solving the 1897 Airship Mystery*. Gretna, Luisiana: Pelican, 2004.

Krystek, Lee. «The Mystery Airship of 1896.» *The Museum of Unnatural Mystery*. 1996. Último acceso el 2 de mayo de 2024. https://tinyurl.com/yc7zfmjw.

1897: EL ACCIDENTE DE AURORA

Busby, Michael. *Solving the 1897 Airship Mystery*. Gretna, Luisiana: Pelican, 2004.

McNabb, Max. «The 1897 Aurora, Texas, UFO Crash & the "Alien" Buried in the Cemetery.» *Texas Hill Country*. 8 de enero de 2019. Último acceso el 2 de mayo de 2024. https://tinyurl.com/yupjuz69.

1908: EL ACONTECIMIENTO DE TUNGUSKA

Furneaux, Rupert. *The Tungus Event: The Great Siberian Catastrophe of 1908*. Nueva York: Nordon Publications, 1977.

Verma, Surendra. *The Tunguska Fireball: Solving One of the Great Mysteries of the 20th Century*. Cambridge, Reino Unido: Icon Books Ltd., 2005.

1909: EL REGRESO DE LAS AERONAVES

Gollin, Alfred N. «England Is No Longer an Island: The Phantom Airship Scare of 1909.» *Albion* 13, n.º 1 (1981): 43–57. https://doi.org/10.2307/4049113.

Watson, Nigel. *UFOs of the First World War*. Stroud, Reino Unido: History Press, 2015.

1913: VUELVEN LAS AERONOAVES

Holman, Brett. «The Phantom Airship Scare of 1913: Imagining Aerial Warfare in Britain before the Great War.» *Journal of British Studies* 55, n.º 1 (enero 2016): 99–119.

Watson, Nigel. *UFOs of the First World War*. Stroud, Reino Unido: History Press, 2015.

1914: LOS AVIONES MISTERIOSOS

Bartholomew, Robert E. «The South African Monoplane Hysteria: An Evaluation of the Usefulness of Smelser's Theory of Hysterical Beliefs.» *Sociological Inquiry* 59, n.º 3 (julio 1989): 287–300.

Watson, Nigel. *UFOs of the First World War*. Stroud, Reino Unido: History Press, 2015.

1919: *EL LIBRO DE LOS CONDENADOS*

Bennett, Colin. *Politics of the Imagination: The Life, Work and Ideas of Charles Fort*. Manchester, Reino Unido: Critical Vision, 2002.

Fort, Charles. *The Complete Books of Charles Fort*. Nueva York: Dover, 1974.

1933: LOS PILOTOS FANTASMA DE ESCANDINAVIA

Good, Timothy. *Above Top Secret: The Worldwide UFO Cover-Up*. Londres: Sidgwick & Jackson, 1987.

Hejll, O. H. «The Ghost Fliers.» *Dr. Cagliostro's Cabinet of Curiosities*. 2 de mayo de 2011. Último acceso el 2 de mayo de 2024. https://tinyurl.com/mr2cdxpj.

1934: EL PRIMER AVISTAMIENTO DE CORAL LORENZEN

Hintz, Charlie. «Coral Lorenzen: The Flying Saucer Lady Who Pioneered UFO Research.» *Cult of Weird*. s.f.

Último acceso el 2 de mayo de 2024. https://tinyurl.com/4axvtuv6.

Lorenzen, Coral E. *Flying Saucers: The Startling Evidence of the Invasion from Outer Space*. Nueva York: Signet, 1966.

1938: LA INVENCIÓN DE LOS PLATILLOS VOLADORES

Keel, John. «The Man Who Invented Flying Saucers.» En *The Fringes of Reason*, editado por Ted Schultz, 138–145. Nueva York: Harmony Books, 1989.

Nadis, Fred. *The Man from Mars: Ray Palmer's Amazing Pulp Journey*. Nueva York: Tarcher Perigee, 2013.

1944: LOS «FOO FIGHTERS»

Anónimo. «The Foo Fighters of World War II.» *Saturday Night Uforia*. 3 de septiembre de 2011. Último acceso el 2 de mayo de 2024. https://tinyurl.com/yjs52w36.

Rendall, Graeme. *UFOs Before Roswell: European Foo Fighters 1940–1945*. Upper Weardale, Reino Unido: Reiver Country Books, 2021.

1945: EL MISTERIO DE SHAVER

Shaver, Richard S. *The Shaver Mystery Compendium Complete*. s.l.: Lulu, 2020.

Toronto, Richard. *War Over Lemuria: Richard Shaver, Ray Palmer and the Strangest Chapter of 1940s Science Fiction*. Jefferson, Carolina del Norte: McFarland & Co, 2013.

1946: EL FENÓMENO PROFETIZADO

Layne, Meade. *The Ether Ship Mystery—and Its Solution*. San Diego: Borderland Sciences Research Association, 1950.

Reece, Gregory L. *UFO Religion: Inside Flying Saucer Cults and Culture*. Nueva York: I. B. Tauris, 2007.

1946: LOS COHETES FANTASMA

Anónimo. «Ghost Rockets.» *Historic Wings*. 26 de febrero de 2013. Último acceso el 2 de mayo de 2024. https://tinyurl.com/5bubu479.

Anónimo. «The Ghost Rockets of 1946.» *Saturday Night Uforia*. 24 de septiembre de 2011. Último acceso el 2 de mayo de 2024. https://tinyurl.com/5bubu479.

1947: EL AVISTAMIENTO DE ARNOLD

Arnold, Kenneth, y Ray Palmer. *The Coming of the Saucers*. Amherst, WI: impreso por cuenta del autor, 1952.

Peebles, Curtis. *Watch the Skies! A Chronicle of the Flying Saucer Myth*. Nueva York: Smithsonian Institution, 1994.

1947: EL ACCIDENTE DE ROSWELL

Patton, Phil. *Dreamland: Travels Inside the Secret World of Roswell and Area 51*. Nueva York: Villard, 1998.

Saler, Benson, Charles A. Ziegler, y Charles B. Moore.

UFO Crash at Roswell: The Making of a Modern Myth. Washington, D. C.: Smithsonian Institution, 1997.

1948: EL INCIDENTE MANTELL

Lowth, Marcus. «The Mantell Incident.» *UFO Insight*. Actualizado el 13 de octubre de 2021. Último acceso el 2 de mayo de 2024. https://tinyurl.com/2s87vehm.

Stillwell, Blake. «The First Air Force Pilot to Die Chasing a UFO Was Actually Chasing a Secret Balloon.» *Military.com*. 31 de octubre de 2022. Último acceso el 2 de mayo de 2024. https://tinyurl.com/2byra7tb.

1948: EL AVISTAMIENTO DE CHILES-WHITTED

Daugherty, Greg. «Two Pilots Saw a UFO. Why Did the Air Force Destroy the Report?» *History*. Actualizado el 10 de enero de 2020. Último acceso el 2 de mayo de 2024. https://tinyurl.com/36tewf94.

Peebles, Curtis. *Watch the Skies! A Chronicle of the Flying Saucer Myth*. Nueva York: Smithsonian Institution, 1994.

1950: LA GRABACIÓN DE MARIANA

Keyhoe, Donald E. *Flying Saucers from Outer Space*. Nueva York: Henry Holt, 1953.

Saunders, David R. *UFOs? Yes! Where the Condon Committee Went Wrong*. Nueva York: World Publishing Company, 1969.

1952: EL PROYECTO BLUE BOOK

Andrews, Evan. «How the U.S. Air Force Investigated UFOs During the Cold War.» *History*. Actualizado el 15 de enero de 2020. Último acceso el 2 de mayo de 2024. https://tinyurl.com/muvfcc3a.

Steiger, Brad. *Project Blue Book*. Nueva York: Ballantine Books, 1976.

1952: EL AVISTAMIENTO DE NASH-FORTENBERRY

Nash, William B., y William H. Fortenberry. «We Flew Above Flying Saucers.» *True* Octubre 1952. Último acceso el 2 de mayo de 2024. https://tinyurl.com/3cetu2x2.

Tulien, Thomas. «Revisiting One of the Classics: The Nash/Fortenberry UFO Sighting, 14 July 1952.» *International UFO Reporter* 27, n.º 1 (2002): 22. Último acceso el 2 de mayo de 2024. https://tinyurl.com/5n96hdmt.

1952: OVNIS SOBRE WASHINGTON, D. C.

Randle, Kevin D. *Invasion Washington: UFOs Over the Capitol*. Nueva York: HarperTorch, 2001.

Sullivan, Missy. «In 1952, "Flying Saucers" Over Washington Sent the Press into a Frenzy.» *History*. Actualizado el 3 de noviembre de 2023. Último acceso el 2 de mayo de 2024. https://tinyurl.com/5n8phue9.

1952: EL MONSTRUO DE FLATWOODS

Cereno, Benito. "The Bizarre True Story of the Flatwoods Monster." *Grunge*. 31 de julio de 2021. Último acceso el 2 de mayo de 2024. https://tinyurl.com/yuw74hkb.

Guiley, Rosemary Ellen. *Monsters of West Virginia: Mysterious Creatures in the Mountain State*. Mechanicsburg, Pensilvania: Stackpole Books, 2012.

1952: COMIENZA LA ERA DE LOS CONTACTADOS

Adamski, George. *Inside the Space Ships*. Nueva York: Abelard-Schumann, 1955.

Bennett, Colin. *Looking for Orthon*. Nueva York: Paraview Press, 2001.

1953: LA CONVENCIÓN DE GIANT ROCK

Clark, Laura. «Come for the Giant Rock, Stay for the UFO History.» *Smithsonian*. 9 de enero de 2015. Último acceso el 2 de mayo de 2024. https://tinyurl.com/yc5rymnf.

Stringfellow, Kim. «Giant Rock, Space People, and the Integratron.» *PBS SoCal*. 15 de mayo de 2018. Último acceso el 2 de mayo de 2024. https://tinyurl.com/yf4v3h3b.

1953: EL DÍA MUNDIAL DEL CONTACTO

Bender, Albert K. *Flying Saucers and the Three Men*. Londres: Neville Spearman, 1963.

Bielawa, Michael J. «Bridgeport's UFO Legacy: Men in Black and the Albert K. Bender Story.» *Bridgeport History Center*. s.f. Último acceso el 2 de mayo de 2024. https://tinyurl.com/2bnkxf9n.

1954: EL ENCUENTRO DE MARIUS DEWILDE

Michel, Aimé. *Flying Saucers and the Straight-Line Mystery*. Nueva York: S. G. Phillips, 1958.

Verma, Vicky. «French Railway Worker Claimed Two Martian Visitors Attacked and Paralyzed Him in 1954.» *How&Whys*. Actualizado el 11 de diciembre de 2020. Último acceso el 2 de mayo de 2024. https://tinyurl.com/376kkd3v.

1954: EL MISTERIO DE LA LÍNEA RECTA

Malin, Josh. «The 1954 French UFO Craze That Led to the World's Weirdest Wine Law.» *VinePair*. 7 de julio de 2015. Último acceso el 2 de mayo de 2024. https://tinyurl.com/32bz64mf.

Michel, Aimé. *Flying Saucers and the Straight-Line Mystery*. Nueva York: S. G. Phillips, 1958.

1954: EL AVISTAMIENTO EN EL ESTADIO ARTEMIO FRANCHI

De Luca, Max. «The Eye in the Tuscan Sky: The Day a UFO Sighting Stopped a Fiorentina Match.» *These Football Times*. 21 de abril de 2020. Último acceso el 2 de mayo de 2024. https://tinyurl.com/y5kh4j3b.

Padula, Richard. «The Day UFOs Hovered Over Fiorentina's Stadio Artemio Franchi.» *BBC*. 4 de enero de 2013. Último acceso el 2 de mayo de 2024. https://tinyurl.com/2p8x8j7h.

1954: *CUANDO LAS PROFECÍAS FALLAN*

Festinger, Leon, Henry W. Riecken, y Stanley Schachter. *When Prophecy Fails*. Mineápolis: University of Minnesota Press, 1956.

Moser, Whet. «Apocalypse Oak Park: Dorothy Martin, the Chicagoan Who Predicted the End of the World and Inspired the Theory of Cognitive Dissonance.» *Chicago*. 20 de mayo de 2011. Último acceso el 2 de mayo de 2024. https://tinyurl.com/w56k4fee.

1955: ÁREA 51

Darlington, David. *Area 51: The Dreamland Chronicles*. Nueva York: Henry Holt, 1997.

Patton, Phil. *Dreamland: Travels Inside the Secret World of Roswell and Area 51*. Nueva York: Villard, 1998.

1956: EL NICAP INVESTIGA EL FENÓMENO

Hall, Richard H. *The UFO Evidence*. Washington, D. C.: National Investigations Committee on Aerial Phenomena, 1964.

Jacobs, David M. *The UFO Controversy in America*. Bloomington: Indiana University Press, 1975.

1956: LOS HOMBRES DE NEGRO

Barker, Gray. *They Knew Too Much About Flying Saucers*. Nueva York: University Books, 1956.

Bender, Albert K. *Flying Saucers and the Three Men*. Londres: Neville Spearman, 1963.

1957: LA ABDUCCIÓN DE VILAS-BOAS

Charbonneau, Jason. «Abduction of Antônio Vilas-Boas, 1957.» *Think Anomalous*. 19 de septiembre de 2022. Último acceso el 2 de mayo de 2024. https://tinyurl.com/234852u5.

Wolchover, Natalie. «The Surprising Origin of Alien Abduction Stories.» *LiveScience*. 11 de mayo de 2012. Último acceso el 2 de mayo de 2024. https://tinyurl.com/mukwh7dc.

1959: LOS AVISTAMIENTOS DE LA MISIÓN BOIANI

Greenewald, John. «Father Gill & the 1959 Papua New Guinea UFO Sighting.» *The Black Vault*. Actualizado el 12 de junio de 2020. Último acceso el 2 de mayo de 2024. https://tinyurl.com/mukwh7dc.

Lowth, Marcus. «The Boianai Visitants Over Papua New Guinea.» *UFO Insight*. Actualizado el 5 de septiembre de 2020. Último acceso el 2 de mayo de 2024. https://tinyurl.com/3peaufvt.

1960: EL OBJETO CILÍNDRICO DE CRESSY

Anónimo. «1960: The Cressy Cigar.» *Think AboutIts*. 11 de mayo de 2021. Último acceso el 2 de mayo de 2024. https://tinyurl.com/5n7xfjjf.

Strickler, Lon. «The Cressy "Cigar."*Phantoms and Monsters*. 16 de enero de 2013. Último acceso el 2 de mayo de 2024. https://tinyurl.com/mrpaxxs2.

1961: ¿TORTITAS DEL ESPACIO?

Vallée, Jacques. *Passport to Magonia*. Chicago: Henry Regnery, 1969.

Verma, Vicky. «Bizarre UFO Encounter of US Farmer: Three Aliens Gave Him Pancakes.» *How&Whys*. Actualizado el 29 de enero de 2022. Último acceso el 2 de mayo de 2024. https://tinyurl.com/37kvk7zt.

1961: LA ABDUCCIÓN DE BARNEY Y BETTY HILL

Fuller, John. *The Interrupted Journey*. Nueva York: Putnam, 1968.

Wolchover, Natalie. «The Surprising Origin of Alien Abduction Stories.» *LiveScience*. 11 de mayo de 2012. Último acceso el 2 de mayo de 2024. https://tinyurl.com/mukwh7dc.

1964: ATERRIZAJE EN SOCORRO

Lowth, Marcus. «The Zamora Incident—UFO Landing at Socorro.» *UFO Insight*. Actualizado el 6 de octubre de 2021. Último acceso el 2 de mayo de 2024. https://tinyurl.com/u3usya9j.

Steiger, Brad. *Project Blue Book*. Nueva York: Ballantine Books, 1976.

1965: EL INCIDENTE DE EXETER

Fuller, John. *Incident at Exeter*. Nueva York: Putnam, 1966.

Peebles, Curtis. *Watch the Skies! A Chronicle of the Flying Saucer Myth*. Nueva York: Smithsonian Institution, 1994.

1965: EL ACCIDENTE DE KECKSBURG

Dimuro, Claudia. «"Meteorites Do Not Make Abrupt Turns": When a UFO Took Aim at Pennsylvania.» *Penn Live*. Actualizado el 4 de octubre de 2022.

Último acceso el 2 de mayo de 2024. https://tinyurl.com/yzbj92nt.

Kean, Leslie. «Forty Years of Secrecy: NASA, the Military, and the 1965 Kecksburg Crash.» *International UFO Reporter* 30, n.º 1 (octubre 2005): 3–9, 28–31.

1966: LOS CÍRCULOS EN LOS CULTIVOS DE TULLY

Anónimo. «1966—Tully.» *Old Crop Circles*. s.f. Último acceso el 2 de mayo de 2024. https://tinyurl.com/f4fh9fbm.

Carruthers, Peter. «How Tully Became Queensland's Answer to Roswell.» *Cairns Post*. s.f. Último acceso el 2 de mayo de 2024. https://tinyurl.com/4u26hx8k.

1966: EL AVISTAMIENTO EN LA ESCUELA WESTALL

Ryan, Shane J. L. «An Ongoing Mystery: The Westall Flying Saucer Incident.» *Kingston Local History*. 11 de junio de 2012. Último acceso el 2 de mayo de 2024. https://tinyurl.com/mry9x7h9.

Sharpe, Matthew. «Westall '66: 50 Years On, Still Stranger Than Fiction.» *The Conversation*. 3 de abril de 2016. Último acceso el 2 de mayo de 2024. https://tinyurl.com/2duf4ypd.

1966: EL CASO UMMO

Casteel, Sean. «The UMMO Affair: Are Extraterrestrials Living Among Us?» *UFO Digest*. 31 de diciembre de 2012. Último acceso el 2 de mayo de 2024. https://tinyurl.com/ykz23z7h.

Vallée, Jacques. *Revelations: Alien Contact and Human Deception*. Nueva York: Ballantine, 1991.

1966: EL INCIDENTE DEL GAS DEL PANTANO

Karel, Joseph Kenneth. «The Famous 1966 Michigan Swamp Gas Case.» *Mysterious Michigan*. 17 de febrero de 2016. Último acceso el 2 de mayo de 2024. https://tinyurl.com/3dj27s6p.

O'Connell, Mark. *The Close Encounters Man: How One Man Made the World Believe in UFOs*. Nueva York: William Morrow, 2017.

1966: ¡MOTHMAN! (1966)

Keel, John. *The Mothman Prophecies*. Nueva York: Tor, 1991.

Moore, Nolan. «The Untold Truth of Mothman.» *Grunge*. Actualizado el 23 de enero de 2023. Último acceso el 2 de mayo de 2024. https://tinyurl.com/4cvd66w2.

1967: EL ENCUENTRO CERCANO DE CUSSAC

Anónimo. «1967: Cussac, France Close Encounter.» *Think AboutIts*. 2 de mayo de 2021. Último acceso el 2 de mayo de 2024. https://tinyurl.com/3y6xr5v5.

Lowth, Marcus. «An "Encounter with Devils" on the Cussac Plateau.» *UFO Insight*. Actualizado el 5 de septiembre de 2020. Último acceso el 2 de mayo de 2024. https://tinyurl.com/yc3hkhbp.

1967: EL ACCIDENTE EN SHAG HARBOUR

MacDonald, Michael. «Canada's Best-Documented UFO Sighting Still Intrigues, 50 Years On.» *CTV News*. Actualizado el 21 de septiembre de 2017. Último acceso el 2 de mayo de 2024. https://tinyurl.com/44hp2nnb.

Ricketts, Bruce. «The Shag Harbour UFO.» *Mysteries of Canada*. 30 de octubre de 2014. Último acceso el 2 de mayo de 2024. https://tinyurl.com/4f5k74ca.

1968: *RECUERDOS DEL FUTURO*

Story, Ronald. *The Space-Gods Revealed: A Close Look at the Theories of Erich von Däniken*. Nueva York: Harper & Row, 1976.

Von Däniken, Erich. *Chariots of the Gods?* tr. Michael Heron. Londres: Corgi, 1971.

1969: EL INFORME CONDON

Condon, Edward U. *A Scientific Study of Unidentified Flying Objects*. Nueva York: Bantam, 1969.

Saunders, David R. *UFOs? Yes! Where the Condon Committee Went Wrong*. Nueva York: World Publishing Company, 1969.

1969: EL AUGE DE LA ALTA EXTRAÑEZA

Keel, John. *UFOs: Operation Trojan Horse*. Nueva York: Manor Books, 1976.

Vallée, Jacques. *Passport to Magonia*. Chicago: Henry Regnery, 1969.

1973: LA ABDUCCIÓN DE HICKSON Y PARKER

Brockell, Gillian. «The Men Claimed They Were Abducted by Aliens. In Mississippi, Police Believed Them.» *Washington Post*. 26 de junio de 2019. Último acceso el 2 de mayo de 2024. https://tinyurl.com/4ps6eep4.

Hynek, J. Allen, y Jacques Vallée. *The Edge of Reality*. Chicago: Henry Regnery, 1975.

1973: EL MISTERIO DEL GANADO MUTILADO

Janos, Adam. «The Mysterious History of Cattle Mutilation.» *History*. Actualizado el 31 de mayo de 2023. Último acceso el 2 de mayo de 2024. https://tinyurl.com/ynkn8bsa.

Kagan, Daniel, y Ian Summers. *Mute Evidence*. Nueva York: Bantam, 1983.

1975: LOS CONTACTOS DE BILLY MEIER

Kinder, Gary. *Light Years*. Nueva York: Pocket Books, 1987.

Korff, Kal K. *Spaceships of the Pleiades*. Amherst, Nueva York: Prometheus Books, 1995.

1976: LOS AVISTAMIENTOS DE TEHERÁN

Gomez, Cristina. «Iran's Famous and Documented UFO Encounter.» *Medium*. 8 de enero de 2024. Último acceso el 2 de mayo de 2024. https://tinyurl.com/52xzhc36.

Greenewald, John. «The "1976 Iran Incident."» *The Black Vault*. Actualizado el 28 de enero de 2021. Último acceso el 2 de mayo de 2021. https://tinyurl.com/2jd667wt.

1978: LA ABDUCCIÓN EN EMILCIN

Kępa, Marek. «A Tale Out of This World: Alien Abduction & the Communist Regime.» *Culture.Pl*. Actualizado el 16 de julio de 2018. Último acceso el 2 de mayo de 2024. https://tinyurl.com/5ebpdcsy.

Lowth, Marcus. «Jan Wolski and the Emilcin Alien Encounter.» *UFO Insight*. Actualizado el 5 de septiembre de 2020. Último acceso el 2 de mayo de 2024. https://tinyurl.com/5n78trd5.

1978: LA DESAPARICIÓN DE VALENTICH

Clark, Jerome. *Strange Skies: Pilot Encounters with UFOs*. Nueva York: Citadel Press, 2003.

Serena, Katie. «Inside the Unexplained Disappearance of Frederick Valentich.» *All That's Interesting*. Actualizado el 16 de abril de 2022. Último acceso el 2 de mayo de 2024. https://tinyurl.com/5ckzkfce.

1978: EL ENCUENTRO DE ZANFRETTA

Charbonneau, Jason. «Zanfretta Abductions, 1978–1981.» *Think Anomalous*. 6 de mayo de 2017. Último acceso el 2 de mayo de 2024. https://tinyurl.com/474ych6p.

Di Stefano, Rino. *The Zanfretta Case*. s.l.: CreateSpace, 2014.

1979: ENCUENTRO CERCANO EN LA COLINA DECHMONT

Brocklehurst, Steven. «The UFO Sighting Investigated by the Police.» *BBC*. 8 de noviembre de 2019. Último acceso el 2 de mayo de 2024. https://tinyurl.com/yjyanja6.

MacPherson, Hamish. «Scot's Close Encounter with UFO at Dechmont Law Still Baffles.» *The National*. 16 de mayo de 2023. Último acceso el 2 de mayo de 2024. https://tinyurl.com/57va3t2s.

1979: INCIDENTE EN MANISES

Ballester Olmos, Vicente-Juan. «The Manises UFO File.» *Academia.edu*. s.f. Último acceso el 2 de mayo de 2024. https://tinyurl.com/mwr8h2kv.

Vázquez, Galán. «The Manises Case.» *Medium*. 7 de febrero de 2021. Último acceso el 2 de mayo de 2024. https://tinyurl.com/bd44xa8s.

1980: ATERRIZAJE EN EL BOSQUE DE RENDLESHAM

Butler, Brenda, Dot Street, y Jenny Randles. *Sky Crash: A Cosmic Conspiracy*. Londres: Neville Spearman, 1984.

Pope, Nick, John Burroughs, y Jim Penniston. *Encounter in Rendlesham Forest*. Londres: Thomas Dunne, 2014.

1980: EL ENCUENTRO DE CASH Y LANDRUM

Schuessler, John. *The Cash Landrum Incident*. Stockbridge, Massachusetts: UFO Books, 2022.

Wright, William J. «The Terrifying True Story of the Cash-Landrum Incident.» *Grunge*. 21 de diciembre de 2020. Último acceso el 2 de mayo de 2024. https://tinyurl.com/4ukvdhr5.

1981: ATERRIZAJE EN TRANS-EN-PROVENCE

Lowth, Marcus. «The Trans-en-Provence UFO Landing.» *UFO Insight*. Actualizado el 6 de octubre de 2021. Último acceso el 2 de mayo de 2024. https://tinyurl.com/526bfmv8.

Mooner, John. «Documented Alien Craft Landing in Trans-En-Provence France.» *Medium*. 21 de junio de 2023. Último acceso el 2 de mayo de 2024. https://tinyurl.com/25xytywu.

1982: EL CASO PAUL BENNEWITZ

Bishop, Greg. *Project Beta*. Nueva York: Paraview, 2005.

Pilkington, Mark. *Mirage Men: An Adventure into Paranoia, Espionage, Psychological Warfare, and UFOs*. Nueva York: Skyhorse, 2010.

1983: EL BUMERÁN DE WESTCHESTER

Hynek, J. Allen, Philip J. Imbrogno, y Bob Pratt. *Night Siege: The Hudson Valley UFO Sightings*. St. Paul, Minesota: Llewellyn Publications, 1998.

Schmalz, Jeffrey. «Strange Sights Brighten the Nights Upstate.» *New York Times*. 25 de agosto de 1984. Último acceso el 2 de mayo de 2024. https://tinyurl.com/3dfzhyar.

1984: LOS DOCUMENTOS DEL MAJESTIC-12

Pilkington, Mark. *Mirage Men: An Adventure into Paranoia, Espionage, Psychological Warfare, and UFOs*. Nueva York: Skyhorse, 2010.

Wood, Dr. Robert, y Ryan S. Wood. «The Majestic Documents.» *Majestic Documents*. s.f. Último acceso el día 2 de mayo de 2024. https://tinyurl.com/2kx566jd.

1986: LA NOCHE DE LOS OVNIS

Gobierno de Brasil. «Official UFO Night in Brazil.» *Gov. br*. Actualizado el 20 de mayo de 2022. Último acceso el 2 de mayo de 2024. https://tinyurl.com/3bnssyac.

Reid, Claire. «Brazilian Air Force Pilots Chase "15,000mph Craft" in "Night of the UFOs."» *Unilad*. 24 de junio de 2022. Último acceso el 2 de mayo de 2024. https://tinyurl.com/2vjzv3c7.

1986: AVISTAMIENTO DESDE EL VUELO 1628

Carter, Jake. «Flight 1628 UFO Incident Over Alaska.» *Anomalien*. 3 de octubre de 2019. Último acceso el 2 de mayo de 2024. https://tinyurl.com/4jaw4kpc.

Weiss, Lawrence D. «Unfriendly Skies: The Extraordinary Flight of JAL 1628, Alaska's Best Known UFO Encounter.» *Anchorage Press*. Actualizado el 17 de septiembre de 2022. Último acceso el 2 de mayo de 2024. https://tinyurl.com/24etab3c.

1987: *COMUNIÓN*

Conroy, Ed. *Report on Communion*. Nueva York: William Morrow, 1989.

Streiber, Whitley. *Communion*. Nueva York: Avon: 1987.

1987: LOS ENCUENTROS DE GULF BREEZE

Myers, Craig R. *War of the Words: The True but Strange Story of the Gulf Breeze UFO*. s.l.: Xlibris, 2006.

Walters, Ed, y Frances Walters. *The Gulf Breeze Sightings*. Nueva York: William Morrow, 1990.

1987: ENCUENTRO CERCANO EN EL PÁRAMO DE ILKLEY

Carter, Jake. «The Ilkley Moor Alien.» *Anomalien*. 5 de enero de 2015. Último acceso el 2 de mayo de 2024. https://tinyurl.com/bdd2wz8e.

Redfern, Nick. *Top Secret Alien Abduction Files: What the Government Doesn't Want You to Know*. Newburyport, Massachusetts: Red Wheel Weiser, 2018.

1987: JOHN LEAR Y LA CONSPI-RACIÓN ACERCA DE LOS OVNIS

Peebles, Curtis. *Watch the Skies! A Chronicle of the Flying Saucer Myth*. Nueva York: Smithsonian Institution, 1994.

Pilkington, Mark. *Mirage Men: An Adventure into Paranoia, Espionage, Psychological Warfare, and UFOs*. Nueva York: Skyhorse, 2010.

1988: EL ENCUENTRO DE LA FAMILIA KNOWLES

Knibb, Ashley. «Looking at the Knowles Family UFO Encounter.» *Ashley Knibb*. 19 de enero de 2020. Último acceso el 2 de mayo de 2024. https://tinyurl.com/47txstzt.

North, Jen. «The Nullarbor Plain UFO Incident.» *Medium*. 20 de abril de 2023. Último acceso el 2 de mayo de 2024. https://tinyurl.com/3vev9c7x.

1989: ENCUENTRO CERCANO EN VORÓNEZH

Fein, Esther B. «U.F.O. Landing Is Fact, Not Fantasy, the Russians Insist.» *New York Times*. 11 de octubre de 1989. Último acceso el 2 de mayo de 2024. https://tinyurl.com/mtn22e3a.

Vallée, Jacques. *UFO Chronicles of the Soviet Union*. Nueva York: Ballantine, 1992.

1989: LAS REVELACIONES DE BOB LAZAR

Patton, Phil. *Dreamland: Travels Inside the Secret World of Roswell and Area 51*. Nueva York: Villard, 1998.

Pilkington, Mark. *Mirage Men: An Adventure into Paranoia, Espionage, Psychological Warfare, and UFOs*. Nueva York: Skyhorse, 2010.

1989: TRIÁNGULOS NEGROS SOBRE BÉLGICA

Daugherty, Greg, y Missy Sullivan. «Huge, Hovering and Silent: The Mystery of "Black Triangle" UFOs.» *History*. 22 de julio de 2020. Último acceso el 2 de mayo de 2024. https://tinyurl.com/4hhnc2fd.

1990: EL ACCIDENTE DE MEGAPLATANOS

Lowth, Marcus. «The UFO Crash at Megas Platanos, Greece.» *UFO Insight*. Actualizado el 13 de octubre de 2021. Último acceso el 2 de mayo de 2024. https://tinyurl.com/5hx7293b.

1991: LOS CREADORES DE LOS CÍRCULOS, DESENMASCARADOS

Schnabel, Jim. *Round in Circles*. Londres: Penguin, 1994.

Silva, Freddy. *Secrets of the Fields*. Newburyport, Massachusetts: Hampton Roads, 2002.

1991: *HE AQUÍ UN CABALLO PÁLIDO*

Cooper, Milton William. *Behold a Pale Horse*. Flagstaff, Arizona: Light Technology Publishing, 1991.

Jacobson, Mark. *Pale Horse Rider: William Cooper, the Rise of Conspiracy, and the Fall of Trust in America*. Nueva York: Blue Rider Press, 2018.

1993: LA ABDUCCIÓN DE LOS CAHILL

Greenewald, John. «Kelly Cahill Abduction, Dandenong Foothills, Australia—August 8, 1993.» *The Black Vault*. 21 de junio de 2021. Último acceso el 2 de mayo de 2024. https://tinyurl.com/2ztrme2r.

Neal, Matt. «"Holy Grail" or Epic Hoax? Australian Kelly Cahill's UFO Abduction Story Still Stirs Passions.» *ABC News*. Actualizado el 26 de septiembre de 2020. Último acceso el 2 de mayo de 2024. https://tinyurl.com/2t7h64z4.

1994: EL ENCUENTRO CERCANO EN LA ESCUELA ARIEL

Lowth, Marcus. «The Still Unexplained 1994 Ariel School UFO Alien Encounter.» *UFO Insight*. Actualizado el 5 de septiembre de 2020. Último acceso el 2 de mayo de 2024. https://tinyurl.com/2wmtx5sm.

Mahoney, Ellen. «Through Their Eyes—the Ariel School Encounter.» *JAR*. 28 de junio de 2018. Último acceso el 2 de mayo de 2024. https://tinyurl.com/mr2xbyew.

1996: ENCUENTROS CERCANOS EN VARGINHA

Carter, Jake. «Varginha UFO Incident: Brazilian Military Captured "Alien Humanoids" in 1996.» *Anomalien*. 7 de marzo de 2020. Último acceso el 2 de mayo de 2024. https://tinyurl.com/4bmnhf49.

Guevara, Oshea. «The Varginha UFO Incident: Unraveling the Enigma of Extraterrestrial Encounter.» *Medium*. 13 de julio de 2023. Último acceso el 2 de mayo de 2024. https://tinyurl.com/398hbxk2.

1997: LOS SUICIDIOS DE HEAVEN'S GATE

Anglis, Jacklyn. «The Twisted Story of the Heaven's Gate Cult—and Their Tragic Mass Suicide.» *All That's Interesting*. Actualizado el 7 de noviembre de 2023. Último acceso el 2 de mayo de 2024. https://tinyurl.com/399y5nke.

Zeller, Benjamin E. *Heaven's Gate: America's UFO Religion*. Nueva York: New York University Press, 2014.

2004: LOS AVISTAMIENTOS EN TINLEY PARK

Holliday, Doc. «When Hundreds in Illinois Saw the Same Massive UFO Twice.» *100.9 The Eagle*. 8 de agosto de 2023. Último acceso el 2 de mayo de 2024. https://tinyurl.com/4kmn5ujw.

Lowth, Marcus. «UFOs Over Illinois—The O'Hare, Tinley Park, and St. Clair Sightings.» *UFO Insight*. Actualizado el 9 de noviembre de 2021. Último acceso el 2 de mayo de 2024. https://tinyurl.com/y8f6w5br.

2004: EL INCIDENTE TIC TAC

Chasan, Aliza. «The Story Behind the 'Tic Tac' UFO Sighting by Navy Pilots in 2004.» *CBS News*. 26 de julio de 2023. Último acceso el 2 de mayo de 2024. https://tinyurl.com/4bawvhue.

Daugherty, Greg. «When Top Gun Pilots Tangled with a Baffling Tic-Tac-Shaped UFO.» *History*. Actualizado el 2 de octubre de 2023. Último acceso el 2 de mayo de 2024. https://tinyurl.com/4hvy688e.

2005: LOS DOCUMENTOS DEL PLANETA SERPO

Didymus, John Thomas. «NASA Allegedly Sent Human Astronauts to an Alien Planet in 1965.» *Inquisitr*. 13 de agosto de 2015. Último acceso el 2 de mayo de 2024. https://tinyurl.com/yvsrftz6.

Kasten, Len. *Secret Journey to Planet Serpo: A True Story of Interplanetary Travel*. Rochester, Vermont: Inner Traditions, 2013.

2006: AVISTAMIENTO DESDE EL AEROPUERTO DE O'HARE

Anónimo. «Chicago O'Hare UFO Incident.» *The UFO Database*. s.f. Último acceso el 2 de mayo de 2024. https://tinyurl.com/469mhavh.

2007: AVISTAMIENTO EN ALDERNEY

Anónimo. «Pilot Spots "UFO" Over Guernsey.» *BBC*. Actualizado el 25 de abril de 2007. Último acceso el 2 de mayo de 2024. https://tinyurl.com/59smcwrn.

Haines, Lester. «UK Airline Pilots Spot Giant UFO.» *The Register*. 27 de abril de 2007. Último acceso el 2 de mayo de 2024. https://tinyurl.com/29znba56.

2008: AVISTAMIENTOS EN STEPHENVILLE

Janowitz, Nathaniel. «15 Years Ago, UFO Sightings Rocked a Small Texas Town. The Mystery Remains.» *Vice*. 29 de septiembre de 2023. Último acceso el 2 de mayo de 2024. https://tinyurl.com/h3fcdzet.

Kennedy, William. «Inside the Stephenville, Texas UFO Sightings of 2008.» *Grunge*. 20 de septiembre de 2023. Último acceso el 2 de mayo de 2024. https://tinyurl.com/52njemum.

2023: AUDIENCIAS DEL GOBIERNO ESTADOUNIDENSE SOBRE LOS FANI

Cooper, Helene. «Lawmakers and Former Officials Press for Answers on U.F.O.s.» *New York Times*. 26 de julio de 2023. Último acceso el 2 de mayo de 2024. https://tinyurl.com/34rwsz3p.

CRÉDITOS DE LAS IMÁGENES

ALAMY: Ajotte Collection: 130; All Canada Photos: 68; Almondvale Photography: 136; Charles Walker Collection: 32, 92; Chronicle: 40, 46, 48, 52, 70, 72, 86, 96, 98, 106, 144, 166; Hansard Collection: 154; History and Art Collection: 132; Susie Kearley: 140; Retro AdArchives: 84; Colin Waters: 74; World History Archive: 94, 104

AP IMAGES: Ed Kolenovsky: 142

BRIDGEMAN IMAGES: REUTERS/Reuters TV: 184

AARON LOWELL DENTON: iii, v

CORTESÍA DEL FBI: 82

CORTESÍA DEL FLATWOODS MONSTER MUSEUM: 64

CORTESÍA DE LA FOLGER SHAKESPEARE LIBRARY: 16

GETTY IMAGES: Bruno Torricelli/RDB/ullstein bild: 126; DigitalVision Vectors: clu: 28; E+: gremlin: 190; simonbradfield: 134; iStock/Getty Images Plus: Bill Chizek: 50; homeworks255: 170; jmsilva: 192; jw001: 196; ktsimage: 38 superior; Mordolff: 186; simonbradfield: 128; Jacob Wackerhausen: ix middle, 112; Vetta: CSA Images: 42

IMAGN: © News Journal: 158

CORTESÍA DE INTERNET ARCHIVE: 38 inferior; 108

SARAH JUN: 156, 176

CORTESÍA DE LA LIBRARY OF CONGRESS: 20, 56, 58

MARY EVANS PICTURE LIBRARY: 26

CORTESÍA DEL MINNEAPOLIS ART INSTITUTE: 10

CORTESÍA DE LA NASA: Bill Dunford: 30; Joel Kowsky: 198; MSFC: 44

CORTESÍA DE LOS NATIONAL ARCHIVES: ii inferior, ix superior, xi, 54, 62, 90, 120

CORTESÍA DE LA NEW YORK PUBLIC LIBRARY: 12

CORTESÍA DE RAWPIXEL/ART INSTITUTE OF CHICAGO/ THE STICKNEY COLLECTION: x

SHUTTERSTOCK.COM: AJPB: 164; Andrey_I: 124, 178; Fred Michael Aspli: 174; Ivan Alex Burchak: a lo largo del libro (cielo estrellado); canbedone: 102; chris276644: 194; Dean Clarke: 168; cristi180884: 148; Eugene Deacons: 4; Fer Gregory: 172; FrentaN: 6, 16 (libreta); Gatteriya: ix, 22 (marco diapositivas); GTW: 116; ivanGrabilin: 138; Jack R Perry Photo: 110; JM-MEDIA: 180; JoeyMiller17: 122; Jojoo64: 34; LiliGraphie: 12 (páginas); Liu Zishan: 78; LMPark Photos: 22; Alex Marakhovets: 14; Regi Munandar: ii, 24 (libreta); pashabo: ix, 28, 66 (marco); rahulraju: 88; stellamc: 162; The Art of Pics: 152; Karen Thornhill: 160; trekandshoot: ix (televisión); Jaclyn Vernace: 114

SUPERSTOCK: Universal Images: 76

TOPFOTO: 36

CORTESÍA DE LA UCLA CHARLES E. YOUNG RESEARCH LIBRARY DEPARTMENT OF SPECIAL COLLECTIONS: 66

CORTESÍA DE LA UNIVERSITATSBIBLIOTHEK KASSEL: 2

CORTESÍA DE WIKIMEDIA COMMONS: ii superior, 24, 6, 60; FBI: 150; David James Henry: 80; Iwase Bunko Library: 18; Joe Mabel: 146; Navy2004: 100; National Institute of Standards and Technology: 118; Oluap2512: 182; United States Navy: ix inferior; 188

CORTESÍA DE LA ZENTRALBIBLIOTHEK ZURICH: 8

ÍNDICE ANALÍTICO

Sara Greer

Nacido en Bremerton, Washington, y criado en los barrios periféricos del sur de Seattle, **JOHN MICHAEL GREER** empezó a escribir en cuanto pudo coger un lápiz. Vive en Cumberland, Maryland, con su esposa, Sara; fue presidente de la Orden Antigua de los Druidas de América (AODA, por sus siglas en inglés), una orden de druidas fundada en el año 1912; y escribe en varios campos de no ficción, casi todos ellos centrados en el resurgimiento de ideas, perspectivas y tradiciones prácticas olvidadas en el vertedero de la historia. También dirige el blog de fenómenos inexplicables Ecosophia, que recibe más de 150 000 visitas mensuales.

Se le puede encontrar en Ecosophia.net.